Weil das Naturgesetz nicht warten kann

Richard Utz

Weil das Naturgesetz nicht warten kann

Bibliografische Information der Deutschen Nationalbibliothek:
Die Deutsche Nationalbibliothek verzeichnet diese Publikation in der Deutschen
Nationalbibliografie; detaillierte bibliografische Daten sind im Internet über
http://dnb.d-nb.de abrufbar.

© 2008 Richard Utz
Titelillustration: Richard Utz
Satz, Umschlagdesign, Herstellung und Verlag:
Books on Demand GmbH, Norderstedt
ISBN: 978-3-8334-7677-8

Inhalt

Was hat mich veranlaßt, dieses Buch zu schreiben?

Nun, ich lese gerne.

Durch die nachstehenden Artikel aus Zeitschriften kam mir die Idee, einen philosophischen Text zu schreiben, der auf unwissenschaftlicher Basis meine autodidaktisch-logische Denkweise zu diesen Artikeln erklärt.

Folgende Zeitungsartikel haben mich zu diesem Buch inspiriert:
Badische Neueste Nachrichten: Als Professor dem Jenseits auf der Spur.
Badische Neueste Nachrichten: Auf der Suche nach dem Schöpfer
Jörg Blech und Johann Grolle: Süßigkeit für den Geist. In: Der Spiegel 52/2005
Badische Neueste Nachrichten, 26.06.2007: Schöpfungslehre gegen Evolutionstheorien

Ich nehme an, daß meine teilweise diametralen Behauptungen und Deutungen die Naturwissenschaft zum Gebrauch eines großen Computers animieren wird und daß die Theologie stärker mit der Naturwissenschaft kooperiert, denn beide zusammen sind mit ihren Aussagen und Erklärungen wichtig für uns, um die Schöpfung verstehen zu können.

Was ich von meiner bescheidenen Seite dazu tun kann? Ich stehe beiden Fakultäten offen gegenüber, den Rest und meine Meinung können Sie in diesem Buch nachlesen. Ich bitte Sie aber, sehr geehrte Leserschaft, gründlich, Wort für Wort zu lesen, denn schon die geringste Nichtregistrierung kann zum Nichtverstehen führen.

Danke!
Ihr Autor

Und nun zu meiner Person:

Ich bin 79 Jahre alt, Rentner, verwitwet, meine liebe Frau ist vor drei Jahren von uns und zu Gott gegangen. Aus der Ehe habe ich zwei Töchter, von denen die jüngere mit nur 42 Jahren gestorben ist, die ältere leitet heute als Ärztin erfolgreich eine geriatrische Klinik.

Aus dem Zweiten Weltkrieg war ich als einer des »Weißen Jahrgangs« hervorgegangen und konnte, weil ich nicht einen Arm oder Fuß abgeschossen hatte, zunächst nicht studieren (wenn man kein Verwundeter war, bekam man keinen Studienplatz). Durch Wissen, das ich mir selbst angeeignet hatte, habe ich schon während meiner Lehrzeit einen Arbeiterbautrupp von zwölf Mann (Schlosser, Schweißer) als Vorarbeiter und Anreißer geführt, der in einem nach dem Zweiten Weltkrieg so wichtigen Stahlbau Panzerpontons zur Flußüberquerung für die Amerikaner gebaut hat. Ich bin heute noch stolz darauf.

Man wurde dadurch auf mich aufmerksam, und so wurde ich im Konstruktionsbüro aufgenommen. Ich war dort genauso diszipliniert wie zuvor als Lehrling im Stahlbau. Auch hab ich nichts ausgelassen, um Wissen zu erlangen, ich wollte diesbezüglich meinen Freunden nicht hinterherhinken. Ich war regelrecht gierig auf technisches Wissen und habe mich dann, weil ich inzwischen schon verheiratet war und damit Pflichten hatte – also gar nicht mehr auf das Geldverdienen verzichten konnte –, für ein Fernstudium entschieden.

Nun bekam ich immer interessantere Arbeiten, es war ja der Aufbau fällig. Vom Stahlbau war ich in der Zwischenzeit in den Industrieofen- und Apparatebau gewechselt, wo Prototypen jeglicher Art gefragt waren. Die Tätigkeit als Ingenieur erschien mir vielversprechend und interessant. Ich hatte das Glück in meinem Arbeitsleben, daß ich nicht Spezialist für ein spezielles Teil oder Gebiet wurde, sondern daß ich viele verschiedene Prototypen herstellen durfte.

Als kleiner Bub wurde ich schon von einem Doktor-Ingenieur geprägt, der sehr viele Patente hatte, dem ich jeden Tag die umfangreiche Post, die er bekam, bringen mußte, weil er außerhalb unseres Heimatortes wohnte und ich dadurch meine Mutter als Postträgerin entlasten konnte.

Von ihm kam höchstwahrscheinlich der Anstoß für mein technisches Interesse. Zuerst wollte ich allerdings Bauer werden. Er hatte auch eine Sternwarte auf seiner Residenz selbst gebaut, die unser Dorfpfarrer, mein Vater und ich als Gäste mit ihm nutzen durften.

Zurück zu den Prototypen. Im Konstruktionsbüro durfte ich zunächst etwa zwei Jahre lang Auftragskonstruktionen ausführen, dabei hatte ich meine Augen und Ohren überall. Danach konstruierte ich kleine Apparaten und Industrieöfen nach dem Stand der Technik und machte die erforderlichen eigenen Versuche in der Versuchsabteilung zur Verbesserung der Apparate.

Ich habe in meinem Arbeitsleben bei verschiedenen Firmen, von denen wir immer wieder neu aufgekauft wurden, eine Schließung und dreimal einen Bankrott erlebt. Dieses Phänomen, das sich hauptsächlich auf der kaufmännischen Seite abspielte, hat sich durch mein ganzes Arbeitsleben als Erschwernis ausgewirkt und mich begleitet. Die Schließung hatte als Motiv eine Rivalität zweier Männer wegen einer Frau.

Dann der erste Bankrott wegen Immobilienspekulationen. Der zweite Bankrott wegen Dollarspekulationen. Und schließlich der dritte durch altersbedingte Umstrukturierung durch Erblassstreitigkeiten. Man hatte sehr viel zu verteilen und wollte es haben. Aber all diese Stürme haben wir immer überlebt, denn wir waren zu gut und vital – auch dank meines Zutuns.

Ich war immer der Buh-Mann, ich hab oft gelogen für andere, damit sie sich mit fremden Federn schmücken konnten, ich konnte mir das leisten. Ich hab angeblich das Geld verbraucht. Ich habe Explosionen verursacht, die andere zu verantworten hatten. Ich konnte tun und lassen, was ich wollte, es buhte bei mir immer, aber ich überlebte, weil man mich brauchte und ich entsprechend arbeitete.

Als Minderjähriger während des Zweiten Weltkrieges hatte ich als Kopf einer Bande den Diebstahl am Motorrad des Wehrmachtmeldefahrers zu verantworten – eine schwierige Sache, die wir, meine drei Freunde und ich, beinahe mit dem Leben bezahlen mußten. Es ging gut aus, weil der Hauptmann mit seiner Kompanie bei unseren Eltern im Dorf einquartiert war. Am Schluß wurde das Delikt sogar als mutige Tat von Minderjährigen ausgelegt, und es wurde als sinnvolle Übung eines Sonderfalles erklärt.

Vor der Perestroika-Zeit wurde ich mit einem Kollegen auf dem

Moskauer Flughafen in einem Drahtkäfig gefangengehalten, wegen eines angeblichen Goldschmuggels. Es stellte sich aber nach einer Dreiviertelstunde heraus, daß das vermeintliche Gold nichts anderes war als ein Haufen hochglanzpolierter Rubelmünzblättchen aus einer Messinglegierung, die wir als Versuchsstücke für die russische staatliche Münze aufbereitet hatten. Nach der Aufklärung wurden wir mit Polizeieskorte ins Hotel gebracht. Ganz große Geste der Entschuldigung. Wer ist denn nicht schon mal gerne die Hauptperson einer Staatseskorte eines so großen Landes?!

Nun, welche Prototypen habe ich entworfen und konstruiert? Ich weiß es selbst nicht mehr so genau. Ich will aber versuchen, sie der Reihe nach aufzuschreiben.

Ich fungierte nun schon als Konstruktions- und Entwicklungsleiter bei der Firma, eine Position, die ich als Beruf und Hobby betrachtete.

Es waren: Industrieöfen, Kammeröfen, Schachtöfen, Glaseinbrennöfen, Haubenöfen, Trockenöfen, Härteöfen, Trommelöfen zum Härten, Anlassen, Entspannen, Temperaturbereich bis 1100 °C, Gießöfen für Buntmetalle, Rekristallisationsöfen und Entspannungsöfen für Kaltfließpreßteile, Kalzinieranlagen für Elira-Schweißpulver, Kalzinieranlagen für Dolomit. Ergebnis aus dem Dolomit: Halbkalzinat als Füller für die Feinpapierherstellung, Vollkalzinat für Trinkwasserfilter, Temperaturbereich der Anlage: 1150 °C/850 °C, Verbundanlagen für die Münzblättchenherstellung vor dem Prägevorgang (zuerst Coinblättchen, dann Prägen zur Umlaufmünze), Trockenöfen für Gießereikerne, Vakuumbandtrockner (für Indigo), Entspannungsöfen für Wolframstäbe, Glühöfen für Wolframstäbe, Banddurchlauföfen für kleine Teile, eine Lackieranlage für kleine Hohlkörper, eine Normalisier- und Härteanlage für große Kurbelwellen für Zwölfzylindermotoren, eine Entspannungsanlage für große Kurbelwellen, eine vollautomatische Haubenglühanlage unter Schutzgasatmosphäre für Kaltfließpreßteile. Für die amerikanische Besatzungsmacht konstruierte ich eine halbe Fabrikanlage zum Renovieren von Benzinkanistern und Ölfässern mit brennstoffbeheizten Glühöfen, Lackeinbrennöfen, eine Rostschutzanlage, eine Phosphatieranlage, die gesamte Energieversorgung für Wasser und Öl für die gesamte Fabrik, in der ca. 280 Beschäftigte waren. Ich sage halbe Fabrikanlage, weil noch ein zweiter Lieferant aus terminlichen Gründen für das Sandstrahlen und Lackieren verantwortlich zeichnete.

Eine Polymerationsanlage für Perlon, Keulentrommelanlagen, Werkzeugkonstruktionen für die Blecharbeiten einer gesamten Mannschaftsschrankproduktion für die Bundeswehr, ca. 50 Beschäftigte über einen Zeitraum von zwei Jahren, Konstruktionsentwürfe für diverse Anlagen wie einer Glühanlage für Gasflaschen (850 °C), eine Isothermglühanlage für Autoteile mit Schleppstangenantrieb, eine Oxydations- und Reduktionsanlage für die Reduktion unter Wasserstoff-H_2-Atmosphäre für die Fe-Pulverfabrikation, um Tonbänder herstellen zu können, einen Quarztrommelofen (800 °C) zur Reduktion von Gold- und Platinabfällen in der Scheideanstalt unter reiner Wasserstoff-H_2-Atmosphäre. Alles Teufelsanlagen mit Höllentemperaturen und hochexplosiver Atmosphäre.

Außerdem: eine Reversiertrommelmaschine zum Beizen, Entwurfszeichnungen für Silo-Auto-Garagen, Konstruktionen für den Betonformenbau, Konstruktionen für große Hydraulikzylinder bis 450 mm Kolbendurchmesser, einen Zirkus, der sich technisch weitestgehend autark auf der Autobahn und in Bundeswehrdepots bewegt und arbeitet, zum Waschen und gewichtsbestimmten Füllen von Ölkanistern, Durchsatz 500 Kanister pro Stunde, Konstruktionsentwürfe für Zerstäubungstrockner für Instant-Kaffeesorten, Hohlkugel und agglomerierte Sorten Kaffee-Gefriertrocknungs-Vakuumanlagen mit Dampfgeschwindigkeitsregulierung nach der Sublimation durch die Kondensatoren-Anordnung im Rezipienten, Zerstäubungstrockner für die Chemie- und Lebensmittelindustrie, Lufterhitzer, Konstruktionen für Kompostieranlagen, eine Kammerwaschmaschine mit gewaltigen Ausmaßen für die Turbinenindustrie (Teilgewicht von 38 t). Der legendäre Doppeltrommelofen mit Wärmerückgewinnung, der die Wärme des auslaufenden Produktes an das einlaufende abgibt – eine Lizenzanlage, die wir übernommen haben –, wurde von mir, wenn ich es so ausdrücken darf, vom kahlen Baum über die Blüte zur Volltracht über weiß Gott wie viele neue Konstruktionselemente gebracht. Er steht und arbeitet in vielen Ländern der ganzen Welt. Auch die meisten anderen Anlagen kamen aus der Prototypenreihe in die Standardtypenreihe und wurden vervielfältigt. Eine Pyrolyseanlage (mit endothermer Beheizung) mit Stickstoff-N_2-bespülter, gasströmungsbestimmter Ein- und Ausgangsschleuse zum Trocknen von ölbehafteten Buntmetallen, die im Recyclingverfahren zu Strangguß verarbeitet werden. Wasserströmungsreiniger, Elektroheizungen, Strumpfhosenformmaschinen, Färbemaschinen für Textilien, Holzfußböden, Pavillons.

Ich weiß nicht, ob ich alles aufgeschrieben habe oder nicht, höchstwahrscheinlich nicht. Eines jedoch, das muß ich noch dazu sagen: Um ein so gewaltiges technisches Volumen maschinen-, apparatebau- und verfahrensmäßig zusammen oder zum Laufen zu bringen, bedarf es so viel technischen Verstandes, Erfahrung und Energie, auch noch ein vieles mehr an Volumen gehört dazu, das man koordinieren muß, daß das Ganze zusammenkommt, wie Zubringerteile, Detailkonstruktionen, Berechnungen, verantwortungsvolles Handeln, all diese Fakten müssen zum Gelingen beitragen. Was man mit einem Betrag aus einem Umsatz (Geschäft) von ca. 200.000.000 Millionen Euro alles verkonstruieren kann, müssen Sie sich vorstellen, es ist ein gewaltiges Volumen; viele Dinge, viele Schräubchen, viele Rädchen müssen sich dabei drehen.

Jedenfalls, ich habe es geschafft, ich habe es gemeistert. Nicht einmal mein Vater hat es mir geglaubt. Wenn ich ihm erzählt habe, was ich gerade mache, dann hat er immer gesagt: »Das kannst du doch nicht, wo hast du denn das Wissen her?«

Ich konnte es aber, überall in der Welt stehen auch heute noch die Beweise. Was mir geholfen hat? Ich habe es immer gesagt: Gott hat es mir eingegeben.

Meine Frauen um mich herum, die mich in meinem Leben begleitet haben, haben voll an mich geglaubt. Ich nehme an, daß das etwas damit zu tun hat, daß sie Gott näherstehen.

Ich widme deshalb mein Buch meiner geliebten Familie, meiner Frau, meinen Töchtern und Enkeln.

Ich habe auch mein ganzes Haus, ich kann es sagen, zu 60 Prozent alleine gebaut, angefangen vom Aushub, Wasserleitungen, vom Netzanschluß bis zum Hausanschluß 100 mlg., Kellerfundamente, Träger für Kellerdecke aus gerichteten kleinen bombengeschädigten I-Trägern als Trageschienen zusammengeschweißt. Trinkwasserversorgung, Abwasser, Kläranlage, Mauerwerk, teilweise als Speisbube geholfen. Freitreppe, Betonarbeiten für Fundamente, Schalung, Anbau mit Stahlmonierung, Blechnerarbeiten, Dachvertäfelung, Balkongeländer, sämtliche Holzarbeiten am Dach außer Zimmermannsarbeit, Plattenlegerarbeiten in den Bädern und auf den Balkonen, Isolierarbeiten, schmiedeeiserne Geländer, eine Doppelgarage mit zwei Freunden zusammen, für die ich wiederum Gegenarbeiten geleistet habe, Dachdecken mit einem Dachdecker zusammen. Ich habe aber das gesamte Ziegelwerk, ca. 1600 Ziegel, in einer Woche auf das Dach getragen, und zwar morgens zwei Stunden, bevor ich zur Arbeit ging, und abends drei Stunden, über eine selbstgezimmerte Treppe von 16 Stufen bis zur Dachtraufe und weitere 15 Dachlattenreihen bis zum First. Es kam dabei eine Durchschnittzeit von 4,5 Minuten mit einem stetigen Pulsschlag von 115 bei 23,5 kg Ziegelwerk (drei Ziegel pro Gang) heraus.

Ich habe 60 m Stützmauer gebaut, 56 Doppelachsen-LKW-Ladungen Auffüllerde, verteilt über ein Jahr, von Hand verschaufelt. Ich habe in meinem Leben ca. 1000 ha Rasen mit dem Rasenmäher gemäht und bin dabei ca. 2500 km gegangen.

Ich habe einen drei Meter hohen, steilen und 100 m langen Rain mit einem Handschrapper abgeflacht, damit er mähbar wurde. Ich hatte während des Krieges immer um die 60 Stallhasen, für die ich verantwortlich war (Gras, Heu, Rüben), auch das Schlachten habe ich als Bub erledigen müssen, damit wir immer, die ganze Familie und andere, mit Fleisch versorgt waren. Heute könnte ich das nicht mehr tun, damals war man durch den Krieg so geprägt.

Ich habe noch eine Narbe am linken Bein, die von der am Ende des Zweiten Weltkrieges zerschossenen mittelalterlichen Kirchenglocke unserer Pfarrkirche stammt, in die ich beim Zunageln der zerschossenen Schallöcher gestürzt war. Ein schönes Andenken an das Mittelalter. Wer ist schon blutsverwandt mit einer Glocke aus dem Mittelalter? Sie wurde wieder neu gegossen.

Nun zurück zur Technik. Ich hatte in meinem Arbeitsleben mit einer Technik zu tun, die nicht nur über reine Mechanik und Statik funktionierte, sondern in der Hauptsache mit Elementen wie Feuer, Gasen, hohen

Temperaturen bis 1800 °C, niedrigen Temperaturen bis minus 50 °C, Feinvakuum bis 10^{-4} Torr Unterdruck, Dämpfen, Umluft, Druckluft, Säuren, Laugen, Warmwasser, überhitztem Wasser, aggressiven Medien – alles Dinge, die einen Techniker zwar bannen und herausfordern können, aber auch verzweifeln lassen. Weil sie nicht wie die Statik und Mechanik bestimmbar sind, weil sie nicht das tun, was man will, sondern was sie wollen. Falsch strömen, alles verbrennen, alles abtragen, die Statik und Mechanik hindern, stören, ätzen und, und, und.

Nach jedem Probelauf eines Prototypen wartete ich immer mit Spannung auf das Ergebnis. War ich besser oder schlechter, lag ich richtig oder falsch?

Ging alles gut, war ich einerseits zufrieden, andererseits aber auch nicht. Ich muß ehrlich gestehen, am liebsten war mir, wenn ich Korrektur rechnen mußte. Ich wurde dadurch cleverer, ich bekam ja fast immer die Daten aus dem Versuch und konnte rückwärts rechnen und bekam dadurch zu dem, was ich erreichen wollte, auch neue Ergebnisse. Auch habe ich mehrere Patente, die teilweise aus den Resultaten der Prototypen stammen.

Nun, liebe Leserinnen und Leser, werden Sie fragen, warum diese episch lange Aufzählung, das wollen wir doch gar nicht hören, uns würde doch Richard Anton Utz ausreichen. Da haben Sie vollkommen recht, aber dann würden Sie mich auch nur dem Namen nach kennen und nicht das, was sich hinter diesem Namen verbirgt. Sie können mich auch mit negativen oder auch mit positiven Attributen überschütten, mich als prahlerisch darstellen.

Ich sehe es jedoch anders. Ich brauche diese Art der Vorstellung, die Sie sich im Folgenden als zwei miteinander verwirkte Fäden vorstellen sollten, die ich gerne als zusammen funktionierend sehen würde. Naturwissenschaft und Theologie, diese beiden Fakultäten brauche ich, um klären zu können, was ich umfangreich, logisch, philosophisch, aber auch diametral philosophisch erklären möchte.

Auch sehe ich mein obig beschriebenes Arbeitsleben, in dem viel Bewegung und viel Bewegtes entstand, passend zu den Themen im Buch. Ein besonderes Anliegen – allen meinen Freunden, die mich im Leben begleitet haben, möchte ich danken für ihre Unterstützung. Einen besonderen Dank allen, mit denen ich mal meinungsverschieden diskutierte.

Es heißt ja, nach einem entladenen Gewitter ist die Luft reiner.

Das Sprichwort »Vom Dümmsten kann man was lernen« war für mich in meinem Leben immer akzeptabel. Wie es das sagt, bekommt man vom Dümmsten nicht die dümmste Antwort, sondern die cleverste und einfachste Antwort, und die war für mich immer von Bedeutung und brauchbar bei Konstruktionen.

Und nun stellen Sie selbst fest und lesen Sie, was ich noch kann. Ob ich vielleicht falschliege oder recht habe, entscheiden Sie selbst. Ich jedenfalls glaube, daß ich recht habe. Galileo Galilei wurde zu seiner Zeit ein Ketzer genannt und war jedoch keiner. Alles, was er sagte, ist so, oder es ist so gekommen, wie er es sagte. Ich will jedoch kein Ketzer sein. Ich bin Christ und sehe nur verschiedenes anders, das naturwissenschaftlich und theologisch klarzustellen wäre.

Meine teilweise diametralen Aussagen zu den aufgeführten Artikeln und zur Schöpfung

1. Nicht die Seele verläßt den Körper, sondern der Körper die Seele. (Bild 1)
2. Die Seele kann nicht verdichtet werden, weil sie masselos in der Omnipräsenz ewig im All verharrt. (Bild 2)
3. Die Seele kann nicht mit Lichtgeschwindigkeit fliegen, weil sie schon überall ist und deshalb steht. (Bild 3)
4. Die Sprache der Seele ist das Denken. (Bild 4)
5. Die Ewigkeit steht still, weil sie alles ausfüllt, immer, niemals endend. (Bild 5)
6. Der Jüngste Tag ist immer, im Kreislauf der Ewigkeit. (Bild 6)
7. Es gibt für mich keine Seelenwanderung, die eine materielle Grundlage hat, also keine Bewegung der Seele. (Bild 7)
8. Alles ist ewig, Gott, Adam und Eva, die Seele, die Materie. Die Erklärung dazu kommt aus der Frage: »Was war davor?« Die Antwort: »Auch alles.« (Bild 8)
9. Die Intelligenz der Seele ist nicht steigerbar, weil die Seele schon alle Intelligenz besitzt. (Bild 9)
10. Die Intelligenz der Seele wird an die Materie nur in verdünnter Form ausgeliehen. (Bild 10)

1. *Nicht die Seele verläßt den Körper, sondern der Körper die Seele.*

Tod nur ein kurzer Augenblick (null Zeit) – Jenseits –Dieseits- Leben – Tod – Jenseits – u.s. w. ewiger Kreislauf .

All

Körper + Seele = Leben Dieseits , Bewegung .

Körper + Seele = Leben Dieseits , Bewegung .

Die Gesamt – und Einzelseele (blau) in der Omnipräsenz, sie ist einfach da und steht . Das Jenseits ist parat zur Aufnahme der Materie im Dieseits

Körper von der Seele

All

Erde Materie

2. Die Seele kann nicht verdichtet werden , weil sie
masselos in der Omnipräsenz und ewig im All verharrt .

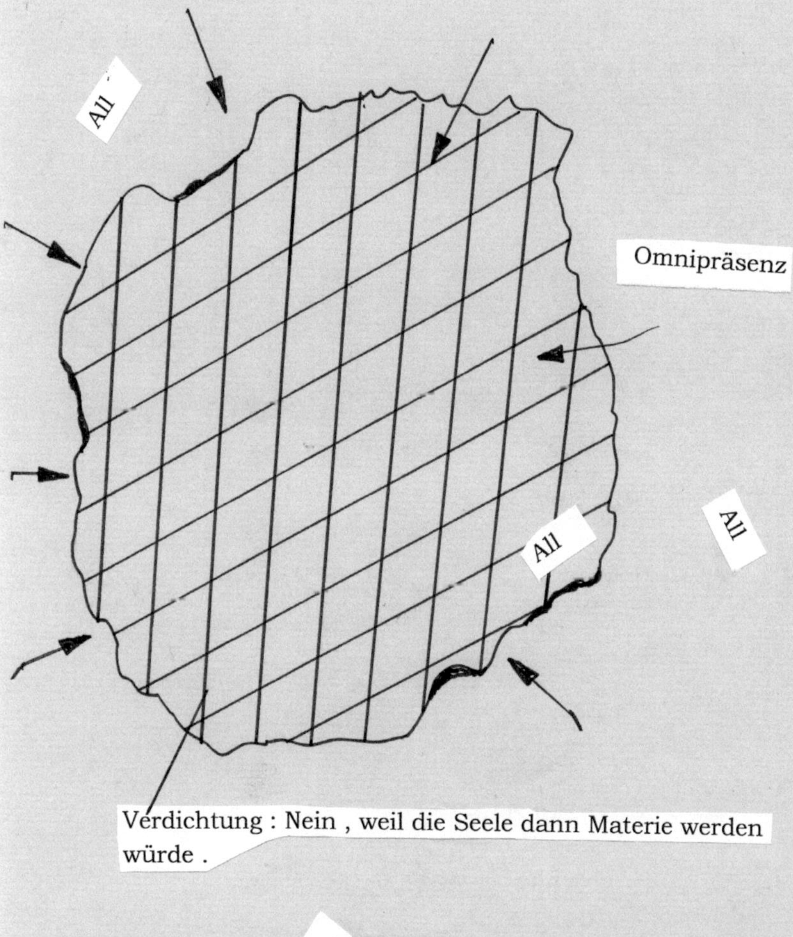

All

Omnipräsenz

All

All

All

Verdichtung : Nein , weil die Seele dann Materie werden
würde .

3. *Die Seele kann nicht mit Lichtgeschwindigkeit fliegen, weil sie schon überall ist und deshalb steht.*

All

Sterne

Die gesamte Materie fliegt in der Omnipräsenz der Ewigkeit .

Sonne

Gase

Planeten

Licht

Lebewesen

Mond

Materie

Leben

Sterne

Meteoriten ,

All

Alles im begrenzten Raum ist Materie .

4.   *Die Sprache der Seele ist das Denken.*

21

5. *Die Ewigkeit steht still, weil sie alles ausfüllt, immer, niemals endend.*

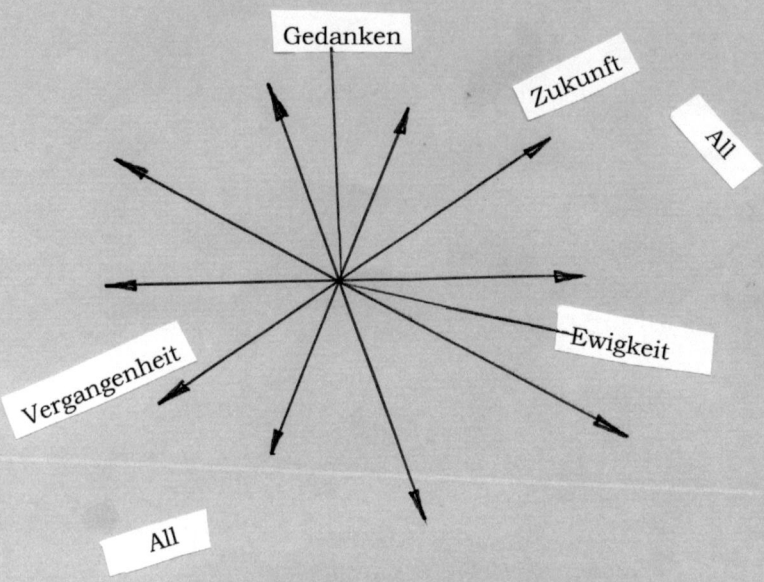

Nun wird es kompliziert. Schließen Sie die Augen und denken Sie, Sie würden in die Vergangenheit denken, niemals endend in allen Richtungen. Nunmehr in die Zukunft, genauso niemals endend in alle Richtungen. Vereinigen Sie nun beide Gedankenstufen. Sehen Sie nun in Gedanken durch Ihr Leben, den Himmel, die Hölle, die Auferstehung, das Leben. Wiederholen Sie diese Gedanken, ewig, immerwährend, niemals endend im Leben, im Himmel, in der Hölle, der Auferstehung, dem Leben, ewig. Und weil in der Ewigkeit nichts vor- oder zurückgehen kann, es keine Zeit gibt, füllt sie alles aus und steht still in ihrer Omnipräsenz.

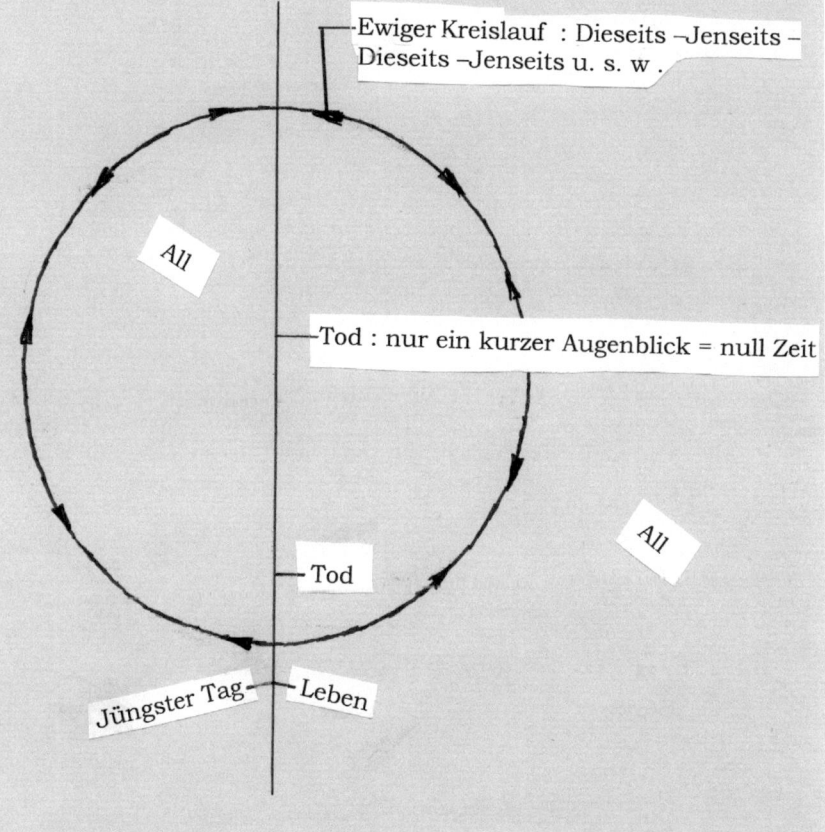

Ewiger Kreislauf : Dieseits –Jenseits – Dieseits –Jenseits u. s. w .

All

Tod : nur ein kurzer Augenblick = null Zeit

All

Tod

Jüngster Tag — Leben

Das Naturgesetz (Es geht nichts verloren es kommt nichts dazu) hat keine Zeit , deshalb ist der Tod nur ein Augenblick im Kreislauf der Ewigkeit .

7. Es gibt für mich keine Seelenwanderung, die eine materielle Grundlage hat, also keine Bewegung der Seele.

All

Das blaue Blatt ist ewig, nicht endend. Das Blaue stellt die omnipräsente Gesamtseele dar. Diese ist in der Ewigkeit stillstehend, weil sie die Ewigkeit total ausfüllt.

Die Seelenwanderung erfolgt in der Gesamtseele durch das Dasein der Seele in der Ewigkeit und Omnipräsenz.

Die Seele wandert durch ihren Stillstand und ihr Dasein in der Omnipräsenz der Ewigkeit. Sie ist für alles und immer bereit, an jeder Stelle.

Denken Sie nun alles Geschriebene weg, dann sehen Sie die Seele, auch wie sie wandert.

All

8. *Alles ist ewig, Gott, Adam und Eva, die Seele, die Materie. Die Erklä-*
   rung dazu kommt aus der Frage: »Was war davor?« Die Antwort: »Auch
   alles.«

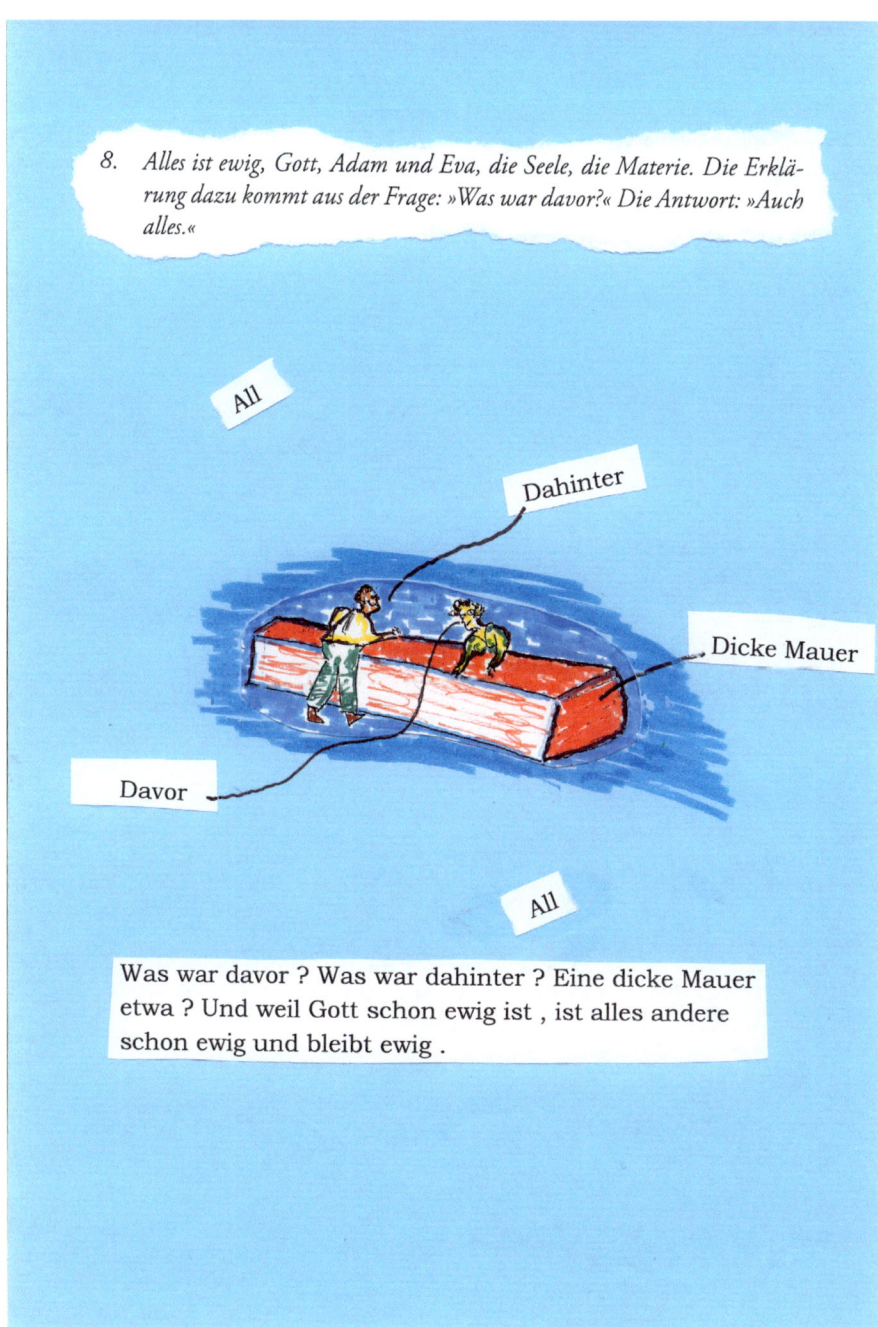

Was war davor ? Was war dahinter ? Eine dicke Mauer
etwa ? Und weil Gott schon ewig ist , ist alles andere
schon ewig und bleibt ewig .

9. Die Intelligenz der Seele ist nicht steigerbar, weil die Seele schon alle Intelligenz besitzt.

Nie endendes Intelligenzreservoir der Seele, verfügbar für das gesamte Diesseits in der Omnipräsenz. Das gesamte Diesseits, die gesamte Materie profitiert daraus und wird gesteuert. Ohne die Intelligenz der Seele gäbe es keine materielle Funktion im All.

10. *Die Intelligenz der Seele wird an die Materie nur in verdünnter Form ausgeliehen.*

Von der Seele kommt alle Intelligenz, die von ihr abverlangt wird, alles Neue, alles Kreative. Sie müssen der Seele nur das Stichwort geben, dann erweitert die Seele Ihren Horizont. So glaube ich auch, daß ich meine diametralen Gedanken und Aussagen nur von der Seele bekommen habe. Von wem auch sonst?!

Aber ich bekomme sie natürlich nur in verdünnter Form, weil schon ein Bruchteil der Intelligenz der Seele mein ganzes Leben füllen und mich nicht mehr loslassen würde. Beim nächsten Leben kann ich sie vielleicht aufbauen, wer weiß es. Vorerst muß ich sie jedoch wieder zurückgeben.

Meine teilweise diametralen Aussagen zu den aufgeführten Artikeln und zur Schöpfung

Einige Gedanken dazu. Im unendlichen All ist doch so viel Intelligenz vorhanden, die die Fakten, die wir suchen, geben kann, die aber hauptsächlich nur auf dem Materiellen beruhen. Zur seelischen, der göttlichen Seite müssen wir den Glauben in Anspruch nehmen, weil selbst Gott uns keine gewünschte Antwort liefern wird, sonst wäre die Ewigkeit selbst nicht mehr die Ewigkeit und müßte ersetzt werden, und das gibt es nicht, weil Gott Gott bleibt. Was wäre nach Gott? Auch Gott. Was ist Gott? Auch Gott. Die Frage, die uns plagt, ist: Wie kommt die Seele ins Jenseits, oder wie kommt sie überhaupt aus unserem Körper? (Bild 1) Muß sie denn das? Nein, denn die Seele ist allgegenwärtig. Demnach muß doch der Körper die Seele verlassen, nicht die Seele den Körper. Die Seele steht also; wenn die Seele fliegen würde, dann müßte eine Anhäufung erfolgen, also Materie werden, (Bild 2) und dann wäre es keine Seele mehr. Also keine Materie, weil dann Anhäufung, keine Lichtgeschwindigkeit mit der Seele, (Bild 3) weil dann Materie. Sterne, Planeten, Meteoriten, Lebewesen fliegen. Körpermaterie geht, wird an (aber nur durch Gott) die Seele angefügt. Was ist die Seele? Ist sie Gott? Das werden wir nie erfahren. Die Wissenschaft sucht, wie auch schon Darwin mit der Evolutionstheorie, Klarheit über gewisse Phänomene zu gewinnen. Dazu gehören Ewigkeit, die Seele und vieles mehr, was wir niemals sehen werden und geschweige denn erklären, weil uns die Fakten aus dem Jenseits fehlen, die wir nur erahnen können. Wir können dieses Rätsel nur teilweise lösen, durch den Glauben an Gott. Wer das nicht tut, stagniert, steht mit dem Rücken an der Wand. Kann die Seele sprechen? Ich denke, die Antwort ist im Bereich des Denkens, im Geistigen zu suchen. (Bild 4) Es darf dabei natürlich kein Lippenbekenntnis von der Seele kommen, da wäre schon wieder Bewegung, Materie vorhanden. Die Seele hat Dichte null, also keine Materie. Was denken wir denn alles? Ist das die Sprache der Seele? Ich denke, ja. Die Ewigkeit steht still, weil sie alles ausfüllt, immer, niemals endend, (Bild 5) man kann deshalb auch keine Seele fabrizieren, wachsen lassen, sie ist gegenstandslos. Wenn man etwas fabrizieren will, braucht man Materie, dadurch gibt es Bewegung, aber nur begrenzt. Auch Licht steht am Ende still oder im Augenblick, im Punkt, in negativer oder in positiver Richtung, in alle Richtungen. Man kann es anhalten oder wieder freilassen.

Mit der Seele kann man das nicht, sie ist omnipräsent. Was Menschen lernen, sehen, hören, fühlen, bleibt auf längere Zeit erhalten (so auch die Seelenwanderung, obwohl sie vielleicht gar nicht wandert). Was man vom Lehrer, vom anderen lernt, wird gespeichert. Wie ist es mit dem Jüngsten Tag? Der Jüngste Tag ist heute, morgen, immer ist wieder ein Jüngster Tag und weiter. (Bild 6) Wenn die Sonne erlischt, stirbt auf dieser unserer Erde der letzte Mensch, aber das Leben geht trotzdem weiter. Aber wie denn? Die Erklärung: Es gibt keine Seelenwanderung, das Wort wurde schlicht und einfach oder nur halb weitergegeben, es bedeutet, daß in der Seele oder über die Seele gewandert wird. (Bild 7) Das ist die Seelenwanderung. Über die Omnipräsenz der Seele werden am letzten Jüngsten Tag dieser Erde die letzten verstorbenen Einzelseelen von der Erde gehen, weil kein Leben mehr möglich ist, um dann auf einem anderen oder mehreren Planeten im All wieder zu leben. Am Anfang ganz bescheiden, so wie unsere Vorfahren, als sie auf die Erde kamen, über die Omnipräsenz der Gesamtseele und dem von der Natur vorbereiteten Tisch.

Und nun zu Adam und Eva. Adam und Eva hat uns Gott als Unterstützung unseres Horizontes gegeben, damit wir besser verstehen, was wir nicht verstehen. Nicht die geschriebene Bibel ist der Anfang der Bibel, sondern Adam und Eva selbst. Und wie viele Male gab es diesen Anfang in der Ewigkeit. Wir müssen hier die Ewigkeit in Betracht ziehen. Gott ist ewig. Wäre es nicht so, dann müßte man sich fragen: Was war davor? Eine dicke Mauer etwa? Wie dick soll die denn sein, wie dick ist die denn? Was ist denn hinter dieser Mauer? (Bild 8) Da kommt man nicht weiter. Es bleibt also die Ewigkeit, die Omnipräsenz der Gesamtseele und Materie, Körper und Einzelseele, also Leben. Es gab also Adam und Eva ewig schon und wird sie ewig geben.

Eine Sonne geht aus, eine andere geht nach einem Urknall an. Leben kommt und geht. Es geht auch nichts verloren, es kommt auch nichts dazu, das ist das Naturgesetz und Gott. Wäre Gott einmal alleine dagewesen und dann Leben in Form von Materie und Seele dazugekommen, dann wäre etwas dazugekommen, und das ist nicht möglich. Und deshalb ist alles schon ewig. Schwer verständlich, aber wahr und eine wunderbare Sache. Die Seele besitzt unendliche, alle Intelligenz. (Bild 9) Sie gibt aber nur soviel her, wie ein mit ihr verbundener Körper (Mensch, Tier, Lebewesen) abverlangt. Mehr Intelligenz, höhere Intelligenz wird auch in der Gegenwart bzw. immer gegeben. Die Intelligenz wird aber niemals von der Seele an die Materie abgegeben (die Materie umgibt sie nur), sondern nur ausgeliehen in verdünnter Form. (Bild 10) Alle Intelligenz werden wir nie verdauen können. Ist Intelligenz steigerbar? Körperliche (Computer, menschliches Hirn, Tierinstinkt, das ganze Pflanzengebaren) ja, aber epochen- und ressourcenbedingt begrenzt (entsprechend der Darwinistischen Evolutionstheorie. Darwin war auch mit dieser Frage immer in Konflikt mit Gott, den er auch brauchte und auch suchte). Die der Seele nein, weil die Seele schon alle besitzt, die von der Seele ausgegebene Intelligenz ist auch keine Energie, sie wird erst Energie, wenn sie mit der Materie zusammenkommt und verbraucht wird. Ist sie verbraucht, dann ist sie wieder auf der Seite der Seele. Es ist doch der Natur entsprechend, daß die Materie dicker bzw. fühlbarer ist als die masselose Seele, die Materie hat Dichte und ist porös. Die Seele ist da und überall vorhanden. Materie umgibt deshalb die Seele nur teilweise, es gibt mehr Seele als Materie. Dies ist auch ein Beweis, daß nicht die Seele in den Körper, sondern der Körper in, an die Seele geht und daß immer und ewig Seele und neues Leben im Kreislauf verfügbar sind. Die Seele ist einfach da, steht schon oben. Kann man denn die Seele verdichten? Nein, wäre es so, dann würde sie zur Materie und das gibt es nicht. Die Materie hängt sich also an die Seele, nicht umgekehrt die Seele an die Materie. Die Seele sorgt auch für die Porösität der Materie und deshalb für Bewegung, weil die Materie nicht omnipräsent ist und sich auch nicht total mit der Seele verbinden kann, es ist immer noch der seelische Abstand zum Jenseits vorhanden. Es ist immer Seele zwischen der Materie, bitte stellen Sie sich das bildlich vor. Bei der Verdichtung der Materie wird die Seele nie mitverdichtet, sie bleibt in der Omnipräsenz, weil man sie nicht verdichten kann. Die Materie verdichtet sich aber, bis sie durch die Reibung so viel Energie entwickelt, daß es zu einer Urknallsituation kommt und sie sich wieder in die entgegengesetzte Richtung ausdehnt. Sie bewegt sich also immer in der Omnipräsenz der Seele und des Alls hin und her. Ob sie weniger Ewigkeitsvolumen einnimmt, weiß ich nicht, ich nehme es aber an. Es ist weniger als das der Seele, aber es ist partiell einmal komprimiert und einmal expandiert, sonst könnte sie sich nicht bewegen. Was es im Großen gibt, gibt es auch im Kleinen. Wenn Leben entsteht, Materie zur Seele kommt, gibt es immer wieder einen Urknall in Miniatur, zwischen Einzelseele und Körper (Mensch). Auch eine Urknallsituation: der Glauben. Den hat uns Gott gegeben, über die verschiedenen Glaubensbekenntnisse mit ihren Propheten. Wie lange kann die Menschheit noch danach leben? Wo kommt er denn her? Zu uns kam doch vor Millionen Jahren kein Mensch geflogen, der uns den Glauben brachte, auch können wir nicht fortfliegen und den Glauben fortbringen. Er kann nur von Gott kommen. Und wenn unsere Sonne erlischt, ist unser Glaube von uns aus nicht mehr delegierbar, das übernimmt oder hat schon ewig Gott selbst übernommen. Dort überall gibt es auch Glaubensbekenntnisse, nehme ich an. Wie sie heißen, welche Namen sie tragen? Unserer wird in jedem Fall erlöschen. Ob er irgendwo anders im All schon existiert? Ich nehme es an, ich weiß es aber nicht. Das weiß nur Gott. Wenn es möglich wäre, ihn zu erfahren, hätten wir den Namen bestimmt schon von einem intelligenteren Leben erfahren.

Und nun kommt ein Knackpunkt. Wer sagt denn, daß die Seele fliegt, daß bei ihr jemals eine Geschwindigkeit entstehen kann? Und das auch noch mit Lichtgeschwindigkeit? Ich sage, wie schon oben erklärt, sie ist omnipräsent und keine Materie und deshalb nicht beweglich, in alle Ewigkeit.

Es gibt keine einzelne Seele, es gibt nur die Gesamtseele, die aber in totaler Omnipräsenz verharrt und deshalb ein Indiz dafür ist, daß der Körper zur Seele geht, nicht umgekehrt. Aber aus der Omnipräsenz der Gesamtseele kommt die Einzelseele. Dies ist die Erklärung für den menschlichen Verstand, daß es doch eine Einzelseele gibt. Nur das Leben, Körper und Seele, bildet über eine Zeitspanne und partiell die Einzelseele, die aber in der Gesamtseele bleibt, die ja auch durch ihre Omnipräsenz im Diesseits präsent ist. Der Körper muß also Ehrfurcht haben, daß er sich mit der Seele, dem Höheren, vereinen darf. Eine Zeitlang bleibt er mit ihr vereint, dann geht er wieder von ihr – auch Indiz dafür, daß es der Körper ist, der sich auf die Seele zubewegt. Zum Leben braucht man alles, auch Lichtgeschwindigkeit.

Ich weiß nicht, wir wissen es nicht, in welchem Maße das, was wir zum Leben brauchen, mit dem materiellen Licht mitgeführt wird. Aber eines weiß ich, es wird gebraucht, aber nicht, um Gott oder die Psyche zu suchen. Darauf werden wir keine diesbezügliche Antwort bekommen. Ich weiß auch, alles oder vieles auf dem Gebiet der Materie ist und wird erklärbar sein. Die Materie ist also, was erklärbar ist, und unser Horizont kann sich damit zufriedengeben. Wie berührt denn die Seele unser Leben, irgendwo in der unendlichen Ewigkeit? Wie können denn so unendliche Weiten überwunden werden? Dazu ein Indiz. Die Seele ist omnipräsent. Sie muß keine unendlichen Weiten überwinden, dann kommt Darwin dazu, er ist in der Ewigkeit vorhanden, aber nur partiell, nur als Teilpart. Und diese partiellen Gebiete, Sektoren, Räume, Welten im All werden von Materie durchflogen (dazu brauchen wir aber keine Raketen, auch würde uns gleich nach dem Start der Treibstoff ausgehen, den bekommen wir aus dem Urknall oder den Urknallen), bis sie irgendwo hinkommt, wo sie brauchbar wird, auf Fruchtbarkeit stößt. Das Ergebnis ist Leben, aber auch hier ist es nur möglich, daß der Körper auf die in der Omnipräsenz wartende Seele zum Leben (Körper und Einzelseele) geht, in einen partiellen Raum in der Ewigkeit. Man kann also sehen, daß die immer bewegte Materie auch formmäßig nicht ewig ist, weil sie sich schlicht und einfach abnutzt, bis sie in einem nützlichen Raum ankommt. Aber sie ist partiell vorhanden und gelangt zu einem anderen Urknallraum, bei dem wiederum der natürliche Kreislauf geschlossen, die abgenutzte Materie gesammelt und umgewandelt wird. Durch diese Überlappung ist der Weitertransport des menschlichen Lebens, das gesamte Leben, das überall im All seine Keime in der Materie und auch die zum Leben bildende Seele hat, möglich.

Ob es der Menschheit auf dieser Erde gelingt, eine Antwort zu der komplexen Schöpfung, in der Zeitspanne, bis unsere Sonne erlischt, zu geben? Ich bezweifle dies. Es ist auch egal, weil sie nicht von der Menschheit, sondern nur von Gott selbst kommen kann, der aber in Stummheit verharrt. Ich frage mich jedoch, wie viele Menschen es in der Ewigkeit des Alls, selbst schon vor dem Neandertaler, gegeben hat, die mit einem Auto gefahren sind. Hätte man dem Neandertaler den Tank gefüllt und den Zündschlüssel in die Hand gedrückt, wäre er bestimmt spätestens nach zwei Wochen und ohne Führerschein gefahren. Das eine ist aber Materie, mit der das Leben, der Mensch, Körper und Seele umgehen. Und in der Ewigkeit darf man dazu noch nicht einmal Schnee von gestern sagen, es war ja gerade im Vergleich zur Ewigkeit in der Gegenwart. Wie arm, wie klein, wie einfältig sind wir dagegen! Wir wissen es doch. Gagarin hat Großes geleistet, ist aber in Relation gesehen nicht weiter in den Raum vorgestoßen als alle Lebenden und/oder gelebte Lebewesen. Und alle haben negativ oder positiv doch Gott existenziert (Gespräch von Yuri Gagarin und Nikita Chruschtschow).

»Süßigkeit für den Geist.« Da überwiegend darwinsches Gedankengut, das wahr und erklärbar ist, aber nicht zu dem Ganzen, dem Materiellen und dem Göttlichen, der gesamten Theologie, die Erklärung bietet oder versucht, sie zu finden. Man kann auch Atheist sein, wer zweifelt nicht einmal, wieso sollte es den Herrgott geben, hast du ihn schon einmal gesehen? Also lassen wir den Gott weg, dann bleiben Körper und Seele, nur Seele, kein Leben, nur Körper, kein Leben, beides zusammen Leben, also Gott. Die Seele lebt immer, man muß sie nicht erwecken. Der Körper muß erweckt werden, man braucht die Seele dazu, nimmt man sie weg, ist der Körper tot. Der Körper ist also zweitrangig gegenüber der Seele. Aber beides zusammen will unser Herrgott. Ich glaube, daß es schon intelligentere Geister gegeben hat oder gegeben haben muß, die das Wort »Gott« erfunden haben, und alles, was der Mensch aussprechen oder denken kann, gibt es, auch daß es Gott gibt.

Es wäre kein abgeschlossenes Leben, würde es nicht gekrönt werden. Die Krönung jedoch bedeutet für uns Menschen, für alle Lebewesen den speziell von uns so gefürchteten Tod. Wir haben Angst vor ihm, wir fürchten ihn, wir erleben ihn, er wird uns immer als etwas Furchtbares vor Augen geführt, und trotzdem können wir ihn, den Tod, nicht sehen; wenn wir ihn sehen könnten, würden wir ihn vielleicht mögen. Aber gerade er ist die Initialzündung für neues Leben, und weil der Tod jenseitig ist, in Gott. Wir müssen ihn, so grausam er ist oder sein kann, nicht fürchten, denn er hat etwas mit der Seele zu tun; wir würden uns ja vor uns selbst fürchten, wenn wir ihn fürchten würden. Wir müssen uns nur mit ihm auseinandersetzen, in Gedanken. Der Tod ist das Bindeglied zwischen der Materie und der Seele. Wenn er kommt, verläßt der Körper die Seele, und genau in diesem Augenblick können wir unsere irdischen Augen, unsere Augen, die nur für das Diesseits tauglich sind, im Jenseits nicht mehr gebrauchen. Das ist der kurze Augenblick, wo wir das Jenseits, aber schon als Gesamtseele, den Herrgott, weil er ja dasein muß, den Himmel, das Wunderbare erblicken, oder aber auch vielleicht das Fegefeuer und die Hölle, den Teufel, die Engel, alle von Lebenden und Lebewesen stammenden Einzelseelen in der Gesamtseele als Seele erleben werden.

Wir müssen jedoch diesen Augenblick in der Ewigkeit und zeitlos messen, wo er, wenn wir uns ihn vorstellen, nur so lang oder kurz ist wie gerade mal ein menschliches Leben und entsprechend die Freuden oder Qualen, aber das nur einen Augenblick, denn unsere Seele kennt die Zeit nicht. Wir sehen und wissen, daß wir niemals ins Jenseits schauen und hören können, weil unsere jenseitigen Augen das jenseitige Licht, und was wir im Jenseits auch gehört haben, im Jenseits zurücklassen müssen.

In diesem Augenblick, in dem der Tod der Aktivist ist, ist aber sofort wieder das Naturgesetz »Es kommt nichts dazu, es geht nichts verloren« aktiv, das nicht wartet (und ich glaube, daß in der Natur, in der Materie auch Seele sein muß) oder warten kann, sonst wäre etwas verloren. Und deshalb beginnt in diesem Augenblick der Ewigkeit (bitte machen Sie sich Gedanken über einen Augenblick in der Ewigkeit, wie kurz dieser sein muß) das junge neue Leben, Materie und Seele, mit den neuen Augen für das Diesseits, wo wir alles Positive und Negative erfahren.

Das ist meine Logik zu all dem Ganzen. Man sieht also, es ist alles und ewig schon geregelt und da und in den besten, Gottes Händen.

In welchem Verhältnis, geistigen Zusammenhang, welcher Liierung steht Gott zu Ewigkeit, Seele, Leben, Tod, Glauben, Naturgesetz (Es kommt nichts dazu, es geht nichts verloren)? Ich sage, in völliger Omnipräsenz und deshalb alles bewegend aus dem Stillstand des geistlichen »göttlichen Jenseits«. Nur daraus wiederum ist die ewige Bewegung des Diesseits gegeben oder möglich und der ewige Kreislauf geschlossen.

Wie entsteht ursprüngliches menschliches Leben auf einem Planeten, wo noch kein Leben ist? Wie kann es sein? Die Seele ist auch dort omnipräsent.

Die Materie aber fliegt, wird transportiert (Urknall). Die Materie kommt also zur Seele, das heißt, sie ist immer um die Seele, nur nicht mit ihr vereinigt. Die Seele lebt, die Materie wird durch die Seele zum Leben erweckt. Die Materie kann aber auch brennen, es geht dabei jedoch nichts verloren, im Gegenteil, sie wird im gleichen Umfang der Menge fruchtbar.

Sie kühlt ab, sie bekommt dabei die richtige Temperatur, um Leben zuzulassen. Man braucht zum Leben Materie und Seele. Was ist in der Materie, um Leben zu erwecken? Ich nehme an, der materielle Samen. Und auf der Seite der Seele die Bereitschaft zum Leben, und dann kommt das Naturgesetz »Es kommt nichts dazu, es geht nichts verloren« zur Geltung. Und so beginnt das neue Leben auf einem anderen Planeten. Aber wie können plötzlich ein Adam und eine Eva oder mehrere dastehen? Bietet die Materie eine Art materielles Reagenzglas, das sich direkt aus Samen bilden kann bzw. gebildet hat? Was ist im Paradies vorhanden, das die erste Milch oder was Ähnliches gespendet haben könnte? Wird (kommt) der neue alte Mensch auf einem neuen Planeten mit dem gleichen Intelligenzgrad, wie er schon zuvor auf einem anderen Planeten gelebt hat, geboren? Die Antwort steht schon oben. Die im Menschen vorhandene Seele gibt ihm so viel Intelligenz, wie er von ihr abverlangt. Die Umwelt gibt ihm die Bedingungen dazu, sie zu benutzen. Ich finde, es muß so sein, sonst wäre nicht alles so plausibel. Ist der menschliche Samen überall in der Materie? Wo soll er denn sonst sein, entweder nur als Samen oder im Menschen, im Individuum, als Samen? Wenn der Mensch wiedergeboren wird, ist er dann der gleiche Mensch, der er vor dem Tod war? Die Seele ist bei dieser Frage der wichtigere Teil, deshalb von der Seele aus gesehen ein eindeutiges Ja, weil die Seele nicht sterben kann. Vom Körper aus gesehen ein eindeutiges Nein, weil der Körper teilweise stirbt und Materie ist. Ob ich bei meiner Wiedergeburt als weibliches oder männliches Wesen auf die Welt komme oder wo ich geboren werde, geben Gott und die Natur vor, ist aber auch so bescheiden unwichtig, wichtiger ist nur die Wiedergeburt. Ich bekomme auch mehr von der Seele als vom Körper gesagt, daß ich lebe, der Körper ohne Seele könnte oder würde mir diese Antwort nicht geben können.

Gibt es immer mehr Menschen, Lebewesen? Nein, genau diese Frage dieses Parts regeln die Wiedergeburt und das Naturgesetz. Wenn wir immer geboren werden, die Folgerung daraus, dann müßte der Mensch ja intelligenter werden im nächsten Leben. Ja und nein, denn er gibt ja beim Tod seine Intelligenz an die Seele zurück. Er kommt wieder auf die Erde, auf einen Planeten, auf das Diesseits mit einer Art eigener Seelenmatrix, wenn ich es so nennen darf. Aus der entstehen bei der Wiedergeburt die Erbmerkmale und beim neuen Leben Körper und Seele, denn das neue alte Leben kann nur über die Seele kommen. Albert Einstein hatte auch nicht die Formel für die Relativitätstheorie in den Genen stehen, die hat er erst durch von Gott gegebener Begabung von der Seele abverlangt.

Manche machen sich dümmer, manche gescheiter im Leben und auf einem anderen Planeten, wo die Evolution weniger oder mehr entwickelt ist, auch entsprechend den Umständen der Umwelt. Die Intelligenz wächst durch das Angebot an Intelligenz, die man von der Seele abverlangt.

Die Seele kann in der Omnipräsenz nicht fliegen, weil sie alles ausfüllt.

Das Ein- oder Auftauchen der Seele in die Gesamtseele geschieht in einem Augenblick, der als »Null-Zeit« definiert werden muß. Demnach fliegt die Seele nicht, weil dieser Vorgang nicht abläuft, die Einzelseele ist immer in der Gesamtseele. Auch haben wir keine mit Lichtgeschwindigkeit fliegende Einzelseele.

Wir wollen uns eines indirekten Beispiels bedienen, eines gedachten, unendlich großen Körpers, geladen mit elektrischem Strom. Wenn er da ist, der Strom, ist er überall.

Gibt es tatsächlich nur eine Seele, die omnipräsent ewig, das Leben, der Tod und auch Gott ist? Leben und sterben wir zur gleichen Zeit in vielen Personen und Altersschichten und überall im All? Wenn es nicht so wäre, gäbe es keine Erklärung dafür. Alles, was der Omnipräsenz unterliegt, ist seelenverwandt und deshalb eins in der Ewigkeit Gottes. Die Einzelseele kann auch nicht aus der Gesamtseele heraus, und deshalb sind wir eine Seele. Der Körper, das Leben, der Mensch bewegt sich in der Seele, die Seele wird dann die existente Einzelseele. Die Gesamtseele ist nicht reaktionsfähig, sie ist weder gut noch böse, gut und böse wird sie erst im Leben und das in gleichen Mengen.

Die Einzelseele kann also nicht aus der Gesamtseele heraus, eine Folgerung ist der Logik entsprechend, daß man auch als Mensch in einem anderen

Menschen lebt, und zwar solange alles platonisch, nicht körperlich existiert. Wir sind als Mensch und Kreatur, Seele, Leben eins und ewig. Deshalb ist der Tod, wie schon oben erklärt, nur ein Augenblick, der gleich null ist, den wir dadurch empfinden, weil wir niemals ins Jenseits schauen und selbst als Mensch im Leben nicht durch den Tod getrennt werden können, weil die Seele omnipräsent ist. Wo ist Gott? Überall! Wo ist die Seele? Überall! Wo ist die Ewigkeit? Überall! Wo ist das Jenseits, das Diesseits? Überall!

Das Leben, der Tod, die Hölle. Alle diese Begriffe unterliegen der Omnipräsenz und sind deshalb eins. Deshalb ist Gott in uns und wir in Gott und Gott verbunden in der Gesamtseele. Sind wir dann Gott? Diese Frage, die wir logischerweise stellen, werden wir uns nicht beantworten können, weil wir nicht auf natürliche Weise ins Jenseits schauen können. Und es auch mit unserer Denkfähigkeit in Bezug auf Gott, was wir uns unter Gott vorstellen, dem Höheren, dem Allmächtigen, nicht in Einklang bringen können. Gott ist für uns immer Gott!

Die Gesamtseele ist omnipräsent, weil sie in Gott ist und Gott in der Seele, also überall und immer. Aus ihr tauchen über das Leben (Körper und Seele) die Einzelseelen auf.

Man kann sich das so vorstellen: Wenn man alles in der Omnipräsenz unter Strom setzen würde, dann könnte man gleichzeitig an jeder x-beliebigen Stelle Strom entnehmen und gebrauchen. Dieser Vergleich aber hinkt, weil er nur aus materieller Sicht erklärt ist. Die Ewigkeit, es hat nicht begonnen, es wird nicht enden, steht aber mit allen Begriffen im Einklang. Neu gemachte Götter mit Einzelseelen, die in der Gesamtseele leben, werden von Menschen gemacht und sind nicht Gott, es sind Propheten, die nur örtlich, an Plätzen im All, wo Leben existiert, vorkommen, und sie sind auch dem Leben und dem Tode nahe. Gott nicht! Gott lebt immer und ewig. Das Jenseits und das Diesseits, zwei allgegenwärtige Begriffe, werden von den Menschen überstrapaziert, in Anspruch genommen, weil das Leben und der Tod entsprechende Angst hervorrufen. Diese Angst ist eine berechtigte, aber gleichzeitig auch schützende Sache und Gabe Gottes, die uns hilft, im Leben und Tod alles nach Möglichkeit richtig zu tun. Beim Tod jedoch bringen die meisten Menschen es nicht fertig, denn da ist die ungewisse Seite, das Jenseits, und damit taucht wieder die Angst auf. Aber wir sollten, wenn wir es fertigbringen, keine Angst vor dem Tod haben, denn er ist ja nur eine augenblickliche Station im Jenseits, mit der Sequenz in der Ewigkeit. *Wir leben deshalb immer und ewig in Gott.* Nur hat es bisher noch niemand so deutlich gesagt oder erklärt.

Alles jenseitig Omnipräsente ist nicht reaktionsfähig, weil es im Stillstand verharrt, muß keine Hand anlegen. Jenseits und Diesseits sind eins, deshalb können und brauchen wir auch nicht ins Jenseits blicken oder sehen und können es deshalb auch nicht. Alles, was wir im Diesseits sehen und erleben, ist auch das Jenseits und/oder auch die Schwelle darüber, so können wir zum Beispiel den Tod oder das Schicksal fühlen, denn es unterliegt ja der Omnipräsenz und Gott. Gott, die Ewigkeit, die Gesamt- und Einzelseele, das Leben, der Tod, die Hölle sind eins und sind auch im Diesseits als Jenseits vorhanden. Alles Jenseitige ist für uns nur geistig wahrnehmbar und für uns das jenseitige Ewige in Gott. Wenn es die Sequenz des Lebens in der Ewigkeit und Gott nicht geben oder sie unterbrochen würde, würde etwas fehlen, und das gibt es nicht. *Was ist es?* Zur Omnipräsenz von Gott, der Ewigkeit, der Gesamt- und Einzelseele gibt es keine Alternative. Es gibt auch keine Alternative zu allen omnipräsenten Begriffen von einer Existenz an Bewegung. Alles bleibt gleich groß, bewegungslos, es kommt nichts dazu, es geht nichts verloren, ewig.

Was ist es? Wenn der Weltuntergang stattfindet, werden wir an einen x-beliebigen existenten Ort gebracht, der so weit fort sein kann, daß er in der Entfernung mit der Ewigkeit gemessen werden muß, daß wir dort aus der Gesamtseele auftauchen können. Wir wissen es nicht. *Was ist es,* das die Einzelseele so weit entfernt, für ein, für unser neues Leben aus der Gesamtseele auftauchen läßt? Gibt es etwas, das für unsere Begriffserfassung nicht möglich ist, oder doch so etwas, das mit dem Fliegen oder der Bewegung vergleichbar ist, es aber nicht sein kann, weil es dann auf materielle Weise erklärbar und auch für ewige Weiten unfaßbar oder unmöglich wäre? Wenn man sich weiter vorstellt, bei einem Weltuntergang würden Milliarden von Einzelseelen an Punkten im Universum auftauchen, um weiterzuleben, und es könnten nur ein Männchen und ein Weibchen, so wie es auch auf dieser Erde einmal war, aufgenommen werden, das würde bedeuten (ein Beispiel dazu):

1.000.000.000 : 2 / Distanzentfernungen
= 0,5 Milliarden Distanzentfernungen nur zu einer existenten Welt

Distanzentfernungen in km? Fragezeichen!

Wir wissen heute noch nicht einmal, in welcher Entfernung von der Erde Leben existiert. Wie groß, wie weit ist es doch in der Ewigkeit. Und doch können wir, wenn ich es so ausdrücken darf, am Ende der Ewigkeit und ohne Geschwindigkeit in der Gesamtseele auftauchen.

Was ist es aber, das das zuläßt, über das das geschehen kann? Ich nehme an, es ist etwas, das wir glauben müssen und keine erklärbare Alternative hat zu Gott. *Wo ist* das Jenseits, wo ist das Diesseits, vom Leben aus gesehen? Man sagt, das Diesseits ist auf der Erde, das Jenseits im Himmel. Oder der Himmel ist dort droben und deutet nach oben, aber deutet man dann auch nach oben? Oder wo ist das Oben? Oder das Unten? Nun lassen wir das Oben oder das Unten und sagen, alles ist omnipräsent, und das Jenseits ist überall, und wir leben in ihm, und es ist sogar in unserem Körper, in uns. Und weil unsere Seele omnipräsent, also überall ist, muß sie beim Tod, und das tut sie auch, nicht fliegen, sich bewegen oder trennen, sie steht und bleibt in der Omnipräsenz. Der Körper geht von der Seele (Augenblick Tod, Null in Zeit), neues Leben beginnt wieder von vorne, ewig. Wir leben gleichzeitig im Diesseits und Jenseits in Relationsbereichen, wir sind ja auch immer mit Gott verbunden, ob wir wollen oder nicht (freier Wille ist uns gewährt in Gott). Warum können wir nicht ins Jenseits sehen, warum können wir uns beim Tod nicht an das Jenseits erinnern? So wie Gott ewig da war, so waren auch die Menschen immer da. Alles, was es gibt, gibt es ewig schon, weil wir als Mensch nur im Diesseits denken können und bei Neugeborenen die eventuell dazu erforderliche Erinnerungsfähigkeit noch nicht vorhanden ist. Weiter werden Denken und Sehen eine materielle Sache im Augenblick des Todes. Denken braucht Zeit, und die ist in diesem Augenblick nicht vorhanden. Mit Gott wäre alles erklärt und damit auch die Erklärung gegeben, Gott über allem, der Seele, der Ewigkeit, dem Jenseits und Diesseits, dem Leben und Sterben, der Hölle, alle Begriffe eins in der Omnipräsenz, also geistig gegenstandslos ist alles das eins, überall und ewig, auch im Diesseits. Wenn es gebraucht wird, taucht es nicht kreislaufbedingt auf, sondern es ist einfach da in der Ewigkeit und irgendwo im Universum. Gott hat in seiner Allmacht keinen freien Willen, die jenseitige Seite ist fest geplant und immer gleich.

Das Schicksalhafte im freien Willen Gottes ist dadurch begrenzt, daß nichts dazukommt oder weniger werden kann. Hätte Gott einen freien Willen, dann würde alles mehr werden, denn Gott ist allmächtig und kann alles. Das ewig Existierende ist aber ewig gleich, auch Gott, weil er es nicht anders will. Die in der Diesseitigkeit oder Materie entstehende Intelligenz hat die Begrenzung für das Existierende in der Zeit, die zu einer Fortbildung notwendig ist, und diese Zeit wird im Universum durch die Zeitspannen zwischen den Weltuntergängen geregelt. Ob wir einmal Intelligenzunterstützung bekommen, weiß niemand. Der Durchgang Diesseits – Jenseits – Diesseits ist unklar. Wie lange sind wir im Jenseits, ohne Zeit, immer? Wie lange sind wir im Diesseits, eine Zeitspanne, viele Zeitspannen, immer? Diesseits und Jenseits existieren immer zusammen.

Daß sich der Körper und die Seele nach dem Tod sofort wieder zu neuem Leben verbinden, wird aus dem Naturgesetz klar. Es ist das neue Leben, das noch gar nicht aufgehört hat, es ist nur entsprechend dem natürlichen Kreislauf geändert, verjüngt worden. Der Wiederbeginn des Wachstums aus dem Kleinstzustand Materie (bildet zusammen mit der Seele das Leben), der so klein sein muß, daß er auf der materiellen Seite an die Grenze der Leere stößt, denn sonst könnte sich die Materie mit der Seele gar nicht verbinden, ist die Befruchtung, das, was wir das neue Leben nennen. Mit der Befruchtung beginnt also die neue Lebenswachstumsphase, die kurz oder lang sein kann. Ob es eine Wartephase der Seele im Kleinstzustand gibt, weiß niemand.

Wie kann sich denn die Materie mit der omnipräsenten Seele zum Leben verbinden? Dazu müssen wir uns einiger Fakten oder Beispiele bedienen. In Richtung klein gibt es zur Dichte 0 keine Grenze. Der Kleinstzustand Seele und Materie setzt sich aus der omnipräsenten Seele mit Dichte 0 und der etwas größeren porösen Materie mit einer etwas größeren Dichte zusammen. Da die Materie gar nicht sterben kann und immer war und nur einer immerwährenden Umwandlung unterzogen wird, muß sie auch die Seele haben oder auch Seele mit Anhang sein. Wir müssen also die

Seele und die Materie gar nicht verbinden, sie bleiben im Kleinstzustand, den niemand sehen kann, verbunden. Zu einer Verbindung, aus der etwas resultiert, braucht man immer zumindest zwei Dinge, hier Seele und Materie = Leben.

Die Wachstumsphase folgt, nun wird gegossen, Nahrung zugeführt, gelernt zu leben. Dadurch wächst aus dem Kleinstzustand immer wieder sichtbares Leben. Auch ein Beweis für diesen Zustand ist, daß die Einzelmaterie zustandsbedingt total in der Omnipräsenz der Seele ist und durch deren Intelligenz profitiert. Daß die Verbindung oder Vermischung von Materie und Seele zu Leben natürlich ist, ist ein Zustand, den wir glauben müssen.

Wie dieser Zustand erfolgt, was da vor sich geht, ist und bleibt ein unlösbares Rätsel des Glaubens, das Gott nicht preisgibt. Was war davor? Diese Frage habe ich schon oben gestellt, und diese Frage und die Ewigkeit lassen keinen Beginn für Gott und das Leben zu. Daß Gott aber mit seiner Allmacht Dinge tut oder tun kann, wie die Menschen zu erwecken, zu erschaffen, das nicht sein kann, weil sie immer waren und deshalb nicht erweckt oder erschaffen werden müssen, entsprechend dem Naturgesetz, das ewig schon ist. Wenn außerdem etwas Seelisches oder Materielles dazugekommen wäre, müßte dieser Vorgang wiederum im Unvermögen unseres menschlichen Verstandes oder des Glaubens zu suchen sein. Um Klarheit zu schaffen, muß man sagen, es war alles immer und ewig, man muß also auf eine philosophische Antwort zurückgreifen. Und die Bibel gibt für die Menschen nur in vereinfachten Beispielen die Erklärung für die Schöpfung des Lebens. Sie wurde ja auch des öfteren umgedeutet. Tod und Gott! Für Gott ist der Tod tabu. Für uns Menschen gibt es den Tod. Gott hat uns Menschen – den Buddhisten den Buddha, den Christen Jesus Christus, den Hindus ihre Götter und Götinnen, den Japanern ihren göttlichen Kaiser, den Juden Moses, den Moslems Mohammed – Propheten zur Glaubensausübung gegeben, mit der Maßgabe einer Respektierung des Andersgläubigen, ihrer Propheten und Glaubensdogmen. Jedoch auch den freien Willen, der bei der Glaubensausübung immer wieder für Dispute sorgt. Gott läßt es zu, gut oder böse zu sein, die Mystik dazu kommt von uns Menschen. Die Propheten geben bei uns Menschen den Ton an, nicht Gott, er läßt uns den freien Willen mit allen Möglichkeiten, Gutes oder Böses, Positives oder

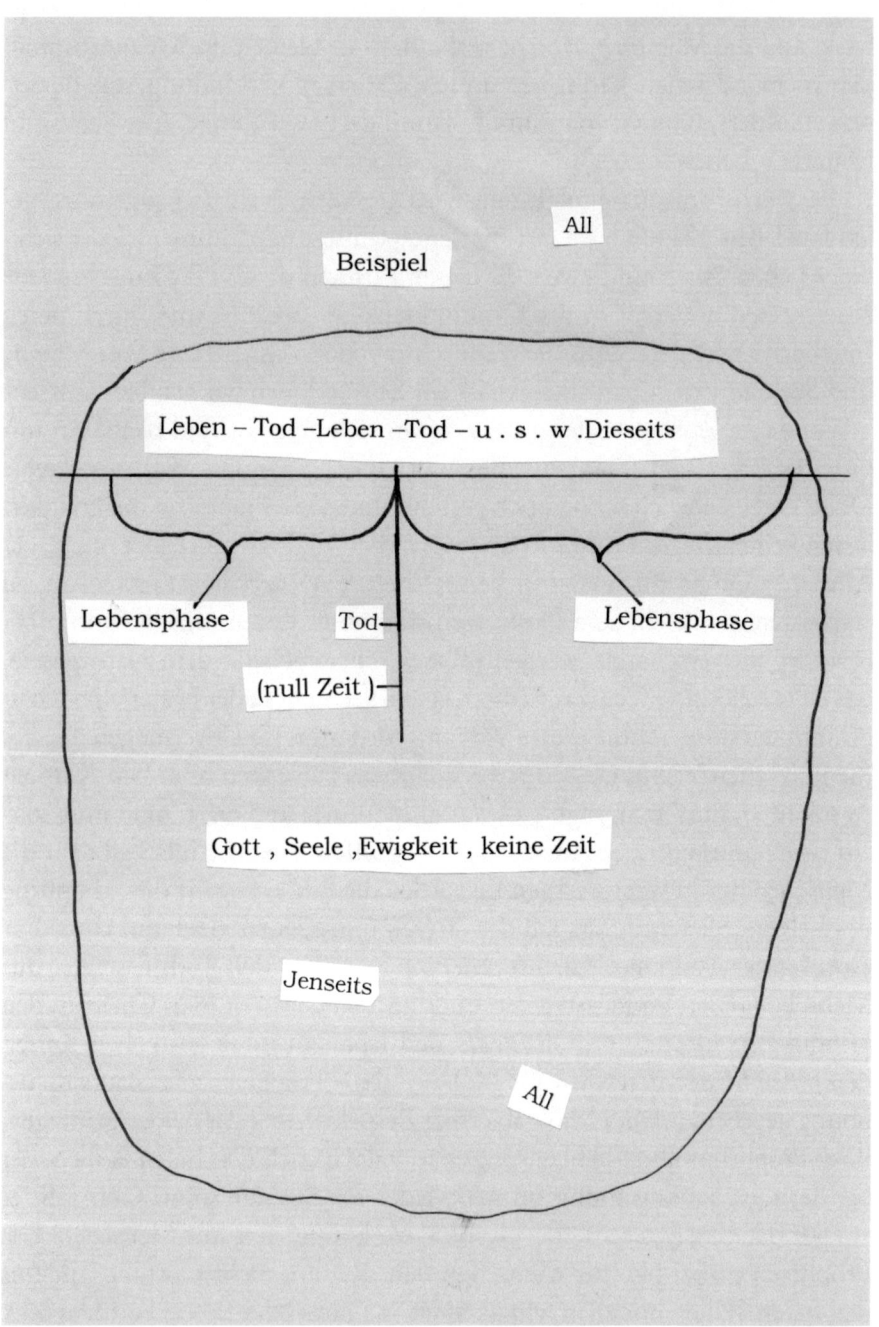

All

Beispiel

Leben – Tod –Leben –Tod – u . s . w .Dieseits

Lebensphase   Tod

(null Zeit)

Lebensphase

Gott , Seele ,Ewigkeit , keine Zeit

Jenseits

All

42

Negatives, gleich viel Gutes, Böses, Positives oder Negatives zu tun. Wird das Gute oder Böse vom Positiven oder Negativen gesteuert, sodaß ein Ausgleich stattfinden kann? Ich nehme das als das größte Axiom an. Für mich kann es nicht anders sein. Die Dominanz in allem ist die Existenz des Positiven und Negativen im Jenseits und Diesseits.

Der Augenblick in der Ewigkeit der Lebensphase ist länger als der des Todes. Der Augenblick des Todes ist zeitlich in der Ewigkeit gesehen total null. Man lebt deshalb immer, man weiß es nur nicht. Das Leben und der Tod sind auch zeitlich gesehen eins und gehören zusammen. Wir empfinden dadurch auch den Tod in Freude oder in großer Angst, weil wir noch leben, denken und empfinden können.

Im Jenseits der geistigen Seite gibt es keine Zeit, die Zeit kann nur auf der diesseitigen, der materiellen Seite gemessen werden.

Das Leben einschließlich Tod ist deshalb im Jenseits enthalten und ewig wie Gott. (s. Beispiel Seite 42)

Sind Freuden und Qualen im Leben, im Diesseits und im Jenseits vorhanden? Gespürt werden können sie, aber wo, im Jenseits oder Diesseits? In beiden, weil beide Begriffe eins sind, aber mehr im Diesseits, weil wir leben.

Es gibt Positives und Negatives, Gutes und Böses, sagen das Naturgesetz und die philosophische Seite, und zwar in gleichen Mengen. Es ist also in gewissem Sinne alles vorausbestimmt und kann nicht aus der Reihe tanzen. Nur kann über den von Gott gegebenen freien Willen eine Menge des Positiven oder Negativen, des Guten und Bösen verschoben werden. Dies wird aber durch die Gegenseite wieder ausgeglichen. Wenn ein teuflischer Diktator Böses tut, sorgen Millionen Menschen durch gute Taten für den Ausgleich. So erfolgt zum Beispiel auch bei einem Gewitter ein Ausgleich durch die Entladung. Was das Gute oder Böse ist, können wir Menschen nicht endgültig feststellen, weil an Randzonen die Fakten zu komplex werden und sich nicht manifestieren lassen. Aber es wird entsprechend der festgelegten Natur und Philosophie ausgeglichen. Wir wissen das nur nicht. Es würde aber, wenn es nicht so wäre, alles aufhören, und das gibt es nicht.

Nun, was den Tod angeht, vor dem wir Angst haben, gilt da das Diesseits oder das Jenseits? Ich sage, wie oben bereits gezeigt, beides, denn wir leben auch in beiden Begriffen. Und der kreislaufbedingte Tod ist inhaltlich sequentiell als Null-Augenblick in beiden. Die Propheten, die Menschen sind, müssen auch sterben. Der japanische Gott-Kaiser macht da keine Ausnahme. Jesus Christus, den uns Christen Gott gesandt hat und der, weil er Gott ist, nicht sterben kann, wurde extra Mensch, damit er uns das Sterben durch den furchtbaren Kreuzestod für die Erlösung der Menschen vorleben konnte. Die heilige Maria, Gottes Mutter genannt, ist die Mutter von Jesus Christus und sterblich, sie vollbringt Wunder. Welche Mutter vollbringt keine Wunder! Die Propheten aller Glaubensrichtungen gibt es im All, überall und immer, in Wiederholung, wo Leben existieren kann und ist, immer wieder in Erfüllung ihrer Missionen.

Umwandlung, Kreislauf, Leben – Sterben – Leben, ist es eine Aggregatszustandsänderung, die da abläuft? Eis zu Wasser – Wasser zu Dampf – Dampf zu Wasser – Feuer zu Asche und Gasen – Leib zu Erde.

Nein und noch mal nein, so einfach und natürlich ist es nicht, denn es ist die Seele im Spiel, die Mystik, das, was wir nicht sehen und fühlen können, sondern nur glauben oder worüber wir philosophieren können, Tausende philosophisch theologische Siegel und mehr.

Die Materie fliegt in der Omnipräsenz der Seele und Gott. Schauen Sie auf die Erde, schauen Sie auf sich selbst, schauen Sie in den Weltraum, das Universum, die Wolken, dann sehen und fühlen Sie, daß alles Materielle und das Leben in der omnipräsenten Seele und Gott fliegt. Würden die Materie und die Seele sich gemeinsam in omnipräsenter Richtung bewegen, würde es keine Zeit und keine Bewegung oder Reaktion mehr geben. Ein Glied bzw. eine Seite muß zumindest stehen, daß die andere fliegen kann. Und das ist die omnipräsente Seele, weil sie in ihrer Omnipräsenz nicht fliegen kann. Sie ist schon überall, im Jenseits und im Diesseits.

Die Zeit, die Bewegung, die Reaktion in Relation zur Seele und Gott bilden aber Leben und das Leben wieder die Verbindung zum ewigen Kreislauf Leben, Diesseits zu Jenseits, Jenseits zu Diesseits usw.

Hat Gott die gleiche Seele wie wir Menschen? Ja. Sind wir dann Gott? Nein. Das wäre überheblich gedacht. Der große Unterschied ist, daß Gott die Gesamtseele, den omnipräsenten Teil, hat. Wir Menschen aber haben nur die Einzelseelen in der Gesamtseele, also in Gott. Ist die Seele dann Gott? Das weiß ich nicht, das ist eine Glaubensfrage. Ich persönlich glaube es nicht.

Die Frage ist aber einfach zu beantworten. Gäbe es das Wort Gott nicht und nur das Wort Seele, wäre Gott auch nicht existent für Menschen, Kreaturen, sie wüßten nichts von ihm. Ich glaube auch, daß außer uns Menschen alles, was es gibt, Gott anbetet oder auf ihn hört oder sich nach ihm dreht.

Selbst Atheisten, die nicht an ihn glauben, geben ihm durch ihre Aussagen die Existenzberechtigung. Sie glauben ja nur nicht an ihn, aber sie sprechen über ihn, und das reicht aus. Glauben, ohne zu glauben, das gibt es weder dies- noch jenseits.

Gibt es eine jenseitige darwinsche oder entsprechende Theorie? Nein, weil Gott die Allmacht ist und die Seele, wie schon oben gesagt, alle Intelligenz besitzt. Das gibt es im Jenseits nicht, sonst würde auch im Jenseits etwas dazugekommen sein. Das Jenseits im Gegensatz zum Diesseits kann sich überhaupt nicht ändern, es ist im Jenseits alles vorhanden. Es ist ewig schon gleich und bleibt gleich, weil unbegrenzt alles vorhanden ist. Das Diesseits hat örtlich seine Begrenzung in der Aussage, Menge, es kommt nichts dazu, es geht nichts verloren. Der partiellen Umwandlung im ewigen Kreislauf, wieviel da an Fortschritt und Intelligenz in einer verschieden großen Entwicklungsepoche entsteht, ist ressourcen- und von den empfangenen Multifaktoren abhängig. Wir müssen dafür eine Weltenepoche in Millionen und mehr Jahren rechnen. Wenn uns eines Tages Intelligenznachschub erreichen würde, kann er, größer oder kleiner, brauchbarer oder nicht, noch auswertbar in unserer Weltenepoche, auch verheerend für uns sein.

Mehr brauchbare Intelligenz aber, als man bei uns ressourcenbedingt erreichen kann, werden wir nicht aus dem Universum bekommen, denn der Intelligenzstand wird höchstwahrscheinlich nicht mehr groß variieren zu unserer Welt. Die theoretische Intelligenz ist für uns unbegrenzt und wir könnten sie annehmen, aber die brauchen wir nicht, weil wir sie durch die Ressourcen nicht nutzen können. Daß wir uns noch mehr Intelligenz aus dem Jenseits haben aus der Gesamtseele geben lassen, mit der wir eines Tages vielleicht im All handeln könnten, wäre vielleicht interessant für uns, aber nur interessant, was sollten wir denn als Gegenwert vom All bekommen? Das, was wir Menschen eines schönen Tages brauchen werden, ist die Wärme, die uns heute unsere Sonne spendet. Die jedoch brauchen wir uns nicht von anderen Menschen aus dem All geben lassen. Die bekommen wir, nachdem unsere Erde untergeht und/oder indem wir in der Ewigkeit nach einem Urknall auf einer entstandenen neuen Erde wieder einmal leben, umsonst von Gott und im ewigen Kreislauf.

Wir brauchen aber auch im Grunde nicht neugierig sein, was uns von draußen, dem Universum, erwartet. Wir können uns das mit der heute vorhandenen Intelligenz schon ausmalen. Ich glaube aber, daß wir als das Höchste höchstens angerufen werden können, mehr nicht.

1. War das Individuum Mensch schon ewig?

Wäre es nicht so, dann hätte etwas begonnen, es hätte auch Gott begonnen. Gott ist aber ewig und auch die Materie. Es kann nichts begonnen haben. Es kann nur Umwandlung im ewigen Kreislauf erfolgt sein, aber das schon ewig. Die Erklärung dazu: Würde man den ewigen Kreislauf in Frage stellen, müßte man fragen: Was war davor? Die Antwort: auch Gott, auch das Individuum Mensch. Es kann auch vor Gott keinen Gott gegeben haben, das Individuum bleibt Individuum, nur ändert es sich, evolutionär in den für Leben fähigen Welten im Universum von primitiver, einfacher, bis zu höchstentwickelter Intelligenz. Dann kommt im Kreislauf dieser Welt und auch der anderen im All zu verschiedenen Zeiten der Untergang und somit die Reduzierung wieder auf das Minimale durch einen eventuell stattfindenden Urknall in den Epochen und den Tod oder das Jenseits und wieder das Diesseits in einer neuen Welt. Das Individuum bleibt aber ewig gleich.

2. Kommen neue Individuen hinzu?

Nein, wenn Individuen dazukämen, entspräche das nicht dem Naturgesetz. Alle waren schon ewig da und wiederholen sich im ewigen Kreislauf, wie ich oben schon geschildert habe.

Diesseits	Tod	Jenseits	Diesseits
Leben Körper und Einzelseele	Nur ein kurzer Augenblick	Einzelseele Gesamtseele	Auftauchen aus der Gesamtseele Vereinigung Körper mit Seele zum Leben

Dies gilt für alle Individuen im ganzen ewigen Universum. Im gewaltigen, ewig nicht endenden All erfolgt oder erledigt sich vieles, ressourcenbedingt, gleichzeitig. Die Individuen sind die gleichen, nur sind sie der jeweiligen Umwelt, in der sie gerade leben, angepaßt. So kann die Katastrophe der Saurier vielmals wiederholend immer wieder im All vorkommen, obwohl sie schon vor Millionen Jahren bei uns war. Alles ist immer im All, man muß sich dabei die Ewigkeit vorstellen, es hört niemals auf, nur es kommt nichts dazu oder geht verloren.

3. Wird das, was wir Menschen zum Leben brauchen, bei einer neuen Weltentstehung immer wieder von Gott erschaffen?

Nein! Gott muß es nicht. Alles ist ewig schon da und auch von ihm erschaffen. Was sage ich da? Kann das sein? Bei dieser Aussage hilft mir nur der Glaube und der freie Wille, dass ich es, daß wir es glauben können. Es ist so gewaltig. Ob wir da eine Antwort vom Jenseits erhalten können, von Gott selbst etwa? Wenn wir eine bekämen, wäre sie so, als hätten wir sie gar nicht erhalten, weil wir sie gar nicht verstehen könnten. Gott sagt uns auch alles über die Stummheit, und deshalb können wir nur glauben, und dadurch bleibt uns Menschen auf dieser Erde und im Universum und All alles erspart. Die Frage »Was war davor?« hilft uns ein wenig weiter, es kann nur so sein: Alles war ewig schon da.

4. Hat Gott uns Menschen (Adam und Eva) aus Staub erschaffen?

Ja und nein. Gott muß sie erschaffen haben. Andererseits kann Gott sie nicht erschaffen haben, weil sie, Gott und die Menschen ewig schon da waren, man kann nichts neu erschaffen, das schon existiert. Immer wieder diese für uns Menschen wie auch schon unter Punkt 3 gestellte unerklärliche Frage. Aber wenn wir die Frage anders stellen, vom All aus gesehen, waren Gott und der Mensch ewig schon da, und es mußte kein Mensch erschaffen worden sein, obwohl er von Gott aus unserer unerklärlichen Sicht erschaffen worden sein mußte. Wenn wir die Frage aber von einer gegenwärtigen Weltentstehung und glaubensfest betrachten, dann ist der Kreislauf Leben – Diesseits – Tod nur ein kurzer Augenblick, und der erste Mensch, Adam, auf einer neuen Welt ist, wenn man es so sieht, als aus dem Kleinsten entstehend, von Gott erschaffen worden.

5. Wird der erste Mensch immer wieder, wenn eine neue Welt entsteht, von Gott aus dem Staub dieser Welt erschaffen?

Wenn man nach der Bibel geht, gab es nur unsere Welt. Das All jedoch in seiner nicht endenden Weite, mit x-beliebig vielen Welten, jüngeren und älteren als der unseren, mit eigenen Sonnen, die das Leben auch dort garantieren, ist der Garant für jeweilige Schöpfungen. Holen wir zur Erklärung weiter aus. Wie entsteht eine Welt? Es dehnt sich immer im Universum oder All ein partieller Part aus, der angrenzende Teil wird dadurch zusammengeschoben, bis es zu einem Urknall kommt. Bei diesem sogenannten Urknall geben die im Urknallraum komprimierten Welten und Sterne, die gesamte Materie, genauso viel Energie, wie sie zu ihrer Entstehung benötigten, wieder ab (Naturgesetz). Das Ergebnis: wieder neue Sonnen, neue Planeten, Erden, die nach der Gasphase zur festen Phase kommen und für neues Leben bereitstehen. Aber neues Leben nur durch Materie und Seele, Körper und Seele = Leben. Das Ganze, der ganze Vorgang (Urknall) erfolgt aber in der Omnipräsenz der Seele, die die Materie in ihrer Bereitschaft zum Leben aufnimmt. Die Materie wird dabei, beim Urknall, ungeheuerlich hohen Temperaturen ausgesetzt, die die ganze Materie in ihre elementarsten Zustände versetzt und das materielle Leben auslöscht, es gibt also im Urknallraum kein Leben mehr. Nur aus den Elementen kann man aber kein Leben formen, es muß also noch etwas mehr sein. Das »Mehr« ist die Seele, sie als einzige bietet den extremen Temperaturen des Urknalls die Stirn, sie steht also wieder parat, und aus der Omnipräsenz der Gesamtseele taucht zu neuem Leben die Einzelseele, die omnipräsent zur Verfügung für das Leben, Körper und Seele = Leben steht, ein Adam und eine Eva oder mehrere wieder auf.

Ob Sie nun dazu natürlicher Kreislauf oder natürliche Evolution sagen oder nicht, das soll Ihrem Glauben und Ihrer Beweismenge überlassen sein. Lebende Evolution gibt es aber nur im lebenden Individuum, in Körper und Seele = Leben.

Wir können einen Urknall auch nicht erleben, wir können ihn nur zeitlich errechnen. Wenn wir so nahe am Urknall wären, daß wir ihn empfinden könnten, würden wir es nicht wissen, weil wir schon Billionen und mehr Jahre davor gestorben wären. Da sehen Sie, wie einzigartig unser Leben auf diesem Planeten Erde ist.

6. Stammen wir Menschen vom Affen ab?

Das einzelne Individuum bleibt, steht unter Punkt 1. Würde man das evolutionäre Stadium eines Menschen und Affen in einer Weltenepoche, von der Weltentstehung bis zum Weltuntergang, vergleichen, wäre vielleicht der heutige Affe kurz vor dem Weltuntergang zu mehr menschlichen Dingen fähig, aber der Mensch wäre in dieser Zeit auch noch weiter davongezogen. Man muß aber obige Aussage bestätigen, das einzelne Individuum bleibt in seinen Anlagen gleich, der Affe bleibt also Affe und stammt von seinem

Adam ab, und wir stammen von unserem Adam ab. Ich glaube auch nicht, könnte ein Affe diese Frage beantworten, daß er eines schönen Tages ein Mensch werden wollte, daß er dies bejahen würde. Und warum dann erst umgekehrt der Mensch ein Affe? Man kann auch keinen Baum einer Art zu einem anderen Individuum, einem Elefanten, der auch groß ist, machen. Wie er auch nach Milliarden von Jahren aussehen wird, soll dahingestellt sein. Daß es da ein Herüber und Hinüber der Spezies gibt, glaube ich nicht, denn alle Menschen, auch die im All, haben die gleiche Seele, und die Seele formt in erster Linie die Menschen, dann erst die Ressourcen.

7. War die Bibel immer schon?

Ja, für uns Menschen dieser Erde war sie am Anfang nicht in Schrift, sondern nur verbal vorhanden. Die erste biblische Aussage entstand, als der erste Mensch Böses und Gutes, Positives und Negatives unterscheiden konnte. Aus diesen zuerst nur verbal ausgedrückten Fakten, Gedanken wurden dann die heiligen Schriften, die auch immer für alle Glaubensrichtungen der Welt und im Universum gelten werden. Sie müssen aber auch ergänzt werden, wenn man etwas Neues weiß, z.B. daß die Erde rund ist oder daß unsere Erde oder wir auf unserer Erde nicht alleine im Universum sind. Es gibt also viele heilige Schriften im Universum. Überall, muß man annehmen. Und interessant ist höchstwahrscheinlich, daß sie dort auch gebraucht werden und nichts anderes in ihnen steht wie in unseren, und das zeugt auch von gegenseitigem Respekt. Im gesamten Universum, für alle und alles.

Auf unserer Erde sollten sie derzeitig aber mehr im nützlichen Sinne gebraucht werden.

8. Haben die heiligen Schriften recht oder nicht?

»Gehet hin und vermehret euch und macht euch die Erde zum Untertan«, hat Gott den Menschen gesagt. Was kann er damit gemeint haben? Nimmt man es wörtlich, dann heißt es, wir sollen uns zahlenmäßig vermehren, wir sollen Kinder zeugen.

Nun sind aber die Zahlen der Kinder, der Menschen, zu groß geworden. Unser Planet Erde kann uns beinahe nicht mehr ernähren. Was meint Gott nun? Er, Gott, hat seine Aussage so weise zu uns gesagt, daß das Wort »vermehret« vieles sagen kann. So zum Beispiel auch, daß wir uns durch das Vermehren in jeder Beziehung Schaden zufügen können. Weniger kann auch mehr bedeuten, kann auch besser oder nützlicher sein. Die Bibel, also Gott, will es auch so, etwas anderes höchstwahrscheinlich meint auch Gott zur heutigen Situation nicht. Die Bibel sagt auch, wir fliegen mit unserer Seele in den Himmel, wir kommen auch fliegend ins Fegefeuer oder in die Hölle, weil sie im Jenseits sind. Nach der Bibel bewegt sich die Seele also. Hat sie da recht? Höchstwahrscheinlich entstand dieses Verb aus der Bibel dadurch, daß es von Menschen auf die einfachste Art gedeutet wurde und weil das Omnipräsente und Subjektive in Betracht gezogen werden mußte. Daß dies aber viel schwieriger war, darüber hat man sich gar keine Gedanken gemacht, man hat einfach fliegen gesagt. Viele Deutungen entstanden so. Auch die Seelenwanderung. Es gibt nach meiner Ansicht zwei Seelenwanderungen. Einmal die nach der indischen Philosophie, wo die Seele über die Körper der Individuen wandert, wo sie sich bewegt, und zwar von einem Körper in den anderen, durch das Jenseits soll sie dabei fliegen, beim Übergang vom Jenseits ins Diesseits bei der Wiedergeburt.

Die andere Seelenwanderung ist, meiner Logik entsprechend, die, bei der die nicht bewegte Gesamtseele in der Omnipräsenz des Jenseits und Diesseits einfach da ist, wo sie sich nicht bewegen muß oder kann. Dies geschieht auch bei der Wiedergeburt, wo sie ja auch als Einzelseele an irgendeinem Platz im Leben in der omnipräsenten und stehenden Gesamtseele ist. In einer omnipräsenten Ewigkeit kann eine alles ausfüllende omnipräsente Gesamtseele einfach nicht fliegen, weil sie schon überall vorhanden ist, das ist anders nicht möglich.

Die heiligen Schriften hat uns Gott und allen im Universum lebenden Individuen als Hilfe zum Leben gegeben, wir müssen sie über unseren freien Willen für uns alle, alle Menschen überall, nutzen, dann haben die Schriften recht.

9. Können wir mit Menschen im ewigen Universum kommunizieren?

Wie würde dies möglich sein? Wir senden also eine Botschaft ins Universum, zuerst kommt die Botschaft in unsere Galaxie. Ist sie dort verwertbar oder nicht?

Bis heute wissen wir noch nicht, ob dort Leben existiert. Nun noch weiter hinaus zur nächsten Galaxie hinter unserer Milchstraße. Ist dort Leben, kann die Botschaft dort aufgenommen werden, oder hat es, das Leben, schon wieder aufgehört, bis sie dort ankommt? Nehmen wir nun an, in Jahrtausenden kommt die Nachricht an, dann muß sie auf die gleiche Art und Weise auch in Jahrtausenden zurückgesandt werden, wer lebt dann noch auf unserem Planeten Erde? Fazit: Kommunikation in der heute möglichen Art und Weise, über das Licht oder die mehrfache Lichtgeschwindigkeit, ist für uns nicht möglich. Ob wir es eines schönen Tages aber vielleicht fertigbringen, über die omnipräsent im Universum stehende Gesamt- und Einzelseele zu kommunizieren, was die einzige Möglichkeit einer Direktnutzung der Kommunikation von Mensch zu Mensch im Universum oder All wäre und wo die Zeit keine Rolle spielen würde, ist höchst unwahrscheinlich. Wir müßten dabei ja mit dem Jenseits, das jedoch auch im Diesseits ist und vielleicht eine immense Rolle spielen könnte, in Verbindung treten können.

Kommunikation über die Gesamtseele im Diesseits zum Jenseits – ein realistischer Gedanke im ewigen All? Die Kommunikation müssen Sie sich auch so vorstellen: Wir sprechen als Mensch über die stehende omnipräsente Einzel- und Gesamtseele, die ja Geist und ohne Materie ist, mit einem Menschen mit Körper und Einzelseele irgendwo im All.

Nicht möglich, werden wir sagen, nicht denkbar. Sind wir aber heute noch nicht fähig für solch ein Abenteuer, oder bekommen wir eines Tages doch eine diesbezügliche Antwort vom Universum oder dem All oder dem Jenseits oder von uns selbst durch das Abverlangen von Intelligenz von der Gesamtseele? Was würde uns dies bringen?

Im Diesseits nicht viel, wir könnten höchstens erfahren, wo wir schon im All gelebt haben, mehr nicht. Wie wir fliegend auf konventionelle Weise im All weiterkommen könnten, das ist alles materiell und lebensepochen-bedingt und bringt uns nicht viel weiter. Über einen Urknall oder über die Gesamtseele durchaus, wie schon oben beschrieben, das gilt als die natürlichste Fortbewegung zu x-beliebigen Zielen im All. Aber dann wissen wir nicht, daß es geschah. Eine Antwort jedoch aus dem Jenseits werden wir absolut niemals erhalten. Dies wäre auch verheerend, wir würden Sachen erfahren, die, bezogen auf unser Leben, nicht zu verdauen wären. Im übrigen würde etwas dazukommen, und wir hätten die Antwort schon in der Ewigkeit erhalten, weil alles schon vielmals war, was auf den Planeten geschah, an vielen Stellen im All, und unsere heutige Intelligenz ist im Universum und All auch schon übertroffen, weil dort auch alters- und ressourcenbedingt entsprechende Verhältnisse vorliegen können. Wir müssen auch hier alles in der Ewigkeit sehen.

10. Können wir Menschen in dem ewigen Kreislauf Leben/Tod, Diesseits/Jenseits etwas selbst bestimmen?

Nein, ein eindeutiges axiomatisches Nein! Wir können unseren von Gott gegebenen freien Willen ausüben und alles tun und lassen, aber sobald das, was wir über den freien Willen bestimmen können, schicksalhaft wird, können wir es nicht mehr selbst bestimmen. Dies ist ein Indiz dafür, daß man Menschen, die einen Suizid begehen, dafür nicht verantwortlich machen kann. Auch die heutige Sterbehilfe bei schicksalhaft krank Gewordenen ist Suizid, wenn das Opfer verlangt, sterben zu dürfen. Alle diese Menschen müssen, bevor sie ins Jenseits gehen, den Segen als Gruß vom Diesseits an das Jenseits mitbekommen. Auch die Kreuzigung von Jesus

Christus und der Tod der Märtyrer sind Schicksalsfälle, die von Menschen mit freiem Willen ausgeübt wurden, aber dann beim Tode schicksalhaft und gottgewollt abgesegnet wurden. Wann der Tod kommt, wann wir sterben müssen, bestimmt nur Gott. Im Jenseits, wo wir nicht hinsehen oder hinhören, haben wir auch nichts zu sagen, da gibt es auch keinen freien Willen. Die Seele, im Leben (Körper und Seele) vereint, trennt sich, bevor die Seele beim Tod jenseitig wird, wo sie jedoch schon immer ist, weil sie omnipräsent im ganzen Universum und All ist und steht. Das Licht, das unser Diesseits steuert und beherrscht, können wir Menschen auch nicht ins Jenseits schicken, wir können nur diesseitig über Materielles bestimmen. Daraus die Folgerung zu meiner obigen Aussage. Der Unterschied zwischen materiellem Licht und Seele ist, daß das Licht fliegen kann, die Seele nicht, weil sie masselos und omnipräsent ist. Nun können wir sagen, wir lassen sie parallel zum Licht mitfliegen, das geht auch nicht, weil sie ja steht in der Omnipräsenz. Das Licht kann also nur in der stehenden Seele fliegen, nicht umgekehrt, und wir Menschen können es auch nicht anders bestimmen. Die Seele müßte sich auch, wenn sie mit dem Licht mitfliegen wollte, auf das Licht aufsetzen. Sie kann das aber nicht tun, weil sie nicht auf etwas aufsetzen kann, das noch gar nicht angekommen ist. Deshalb kann die Seele auch nicht mit Lichtgeschwindigkeit ins Jenseits fliegen. Sie muß es auch nicht, sie ist ja im *Jenseits* und *Diesseits* immer und ewig schon.

Kann sich das Licht aber auf die Seele setzen? Nein, weil das diesseitige Licht im Zustand des Übergangs Diesseits zum Jenseits für die Seele gar nicht existent ist, es ist das materielle Licht im Diesseits, und es bleibt im Diesseits zurück.

Wir können also auch im Fall »Seele fliegt mit Lichtgeschwindigkeit ins Jenseits« nichts dazutun. Sie, die Seele, ist ewig schon da. Was für die Seele aber existent ist oder wird, ist, wenn Materie (auch Licht) und Seele beim unbewegten Übergang Jenseits/Diesseits zu Leben werden. Dann erst ist die dazu gebrauchte Materie keine Materie mehr, sondern diesseitiges schicksalhaftes Leben, wo wieder Obenstehendes gilt.

Das Licht im Jenseits ist aber kein materielles Licht, ob es leuchtet oder nicht für unsere diesseitigen Augen. Es ist die Herrlichkeit und Allmacht, die ein schöneres, helleres, omnipräsent stillstehendes ewiges Licht Gottes selbst ist, das wir aber nur im Jenseits ohne Augen wahrnehmen, wenn wir einen kurzen Augenblick da sind. Und ob wir es fertigbringen im Diesseits, daß wir es sehen können, sollte für uns Menschen von Wichtigkeit sein.

11. Gibt es das Jenseits, wann ist unsere Seele im Zustand des Jenseits, und wie ist es mit dem Schicksal, das vom Jenseits kommt?

Unsere Seele ist immer im Zustand des Jenseits, aber auch im Diesseits, im lebenden Individuum als Einzelseele und Gesamtseele gleichzeitig. Im gesamten ewigen omnipräsenten Universum gibt es keinen Platz, wo die Seele nicht ist. Wir müssen unsere Denkweise nach dem »Ist« ausrichten. Sie ist da, sie steht also. »Ist« ist auch im Moment des Todes. Genau in diesem kurzen Augenblick fällt der Körper von der nun jenseitig gewordenen, stehenden, omnipräsenten Seele. Das Leben, Körper und Seele, ist also wieder geteilt in Diesseits, wo also Bewegung innerhalb der Materie stattfindet, und Jenseits, in dem die Seele steht.

Das Jenseits ist also ein Axiom für die nicht bewegte Seele, es wird im ewigen Kreislauf gebraucht und ist deshalb auch da existent.

Schicksalhaft? Was ist schicksalhaft? Ein Beispiel dazu: Wird ein Mörder für einen Mord im Diesseits bestraft? Normalerweise ja, vielleicht auch nicht, wenn der Mord unaufgedeckt bleibt, im Jenseits normalerweise auch, aber dort muß er nicht aufgedeckt werden, weil man alles weiß.

Im Jenseits sieht es anders aus, da kann so ein Fall anders gelöst werden. Im Jenseits kann ein Mord zum Beispiel so gesühnt werden, daß ein Mörder zur Strafe vom Jenseits dazu verurteilt wird, daß er einen Mord im Diesseits verüben muß, den er nicht verüben will. Das ist eine furchtbare Strafe, das ist schicksalhafter Kreislauf des Guten und Bösen, Negativen und Positiven, Diesseits und Jenseits. Oft bekommen wir vom Jenseits eine Schicksalsbotschaft, die wir mit unserem auf das Diesseits ausgerichteten menschlichen Verstand kaum verstehen, geschweige denn bewältigen können. Was im Diesseits als böse oder gut angesehen wird, kann im Jenseits das Gegenteil sein.

Aber wir brauchen keine allzu große Angst davor zu haben, wir erhalten in gleichen Mengen diese Attribute im Diesseits im jetzigen oder zukünftigen Leben wieder, mal geht es uns besser, mal schlechter. Heute sind wir Steuerhinterzieher, das nächste Mal Mutter Theresa, hilfegebend bis zum letzten.

Der freie Wille sagt, ob man es tun will oder nicht. Schicksalhaft ist es, wenn es einfach geschieht. Manche Menschen können ins Feuer springen und leben dadurch länger, andere können von einer Fliege erschlagen werden.

12. Gibt es Seelenverwandtschaft?

Im Jenseits sind wir immer im tatsächlichen Mittelpunkt. Im Jenseits gibt es keine Zeit. Der Mittelpunkt ist dort auch nicht die Gegenwart, weil sie zwischen der Vergangenheit und Zukunft ist, man muß die Zeiten vernachlässigen. Der Mittelpunkt ist immer das Ich, wo immer es auch sein mag, ein anderes Ich irgendwo ist auch wieder der Ich-Mittelpunkt, und das wiederum in der ewigen Omnipräsenz, die auch nicht wächst, sie ist einfach immer da und zeitlos. Man muß die Situation in Relation zur Ewigkeit sehen. Man kann da nicht die Zeiten, Vergangenheit, Gegenwart und Zukunft, nennen, und weil das so ist, daß alles einzelne nicht mehr existent ist, ist alles eins, alles gleich, alles eine Seele, die Einzelseele in der Omnipräsenz, in der wir im Jenseitigen auch alle seelenverwandt sind.

Betrachten wir alles vom Diesseits aus, dann spielen wieder Zeit, Raum, Zustand, der Status des Lebens eine Rolle. In all diesen Zuständen entsteht, durch die Affinität der Materie zur Gesamtseele über Körper und Einzelseele, wieder kreislaufbedingt das Leben. Das Leben, das Individuum, ist nun im Diesseits allem Materiellen ausgesetzt und verhält sich auch so, in jeder Beziehung. Es kann fliegen, es empfängt Intelligenz oder Instinkt, alles, was das Leben kann, wird empfangen, und zwar aus derselben einzigen Gesamtseele. Aber in der Relation müssen wir auch räumlich denken. Wir sind, stehen oder fliegen, wo wir uns gerade befinden, evtl. am Ende in jeder Richtung oder am Anfang in jeder Richtung oder im Mittelpunkt irgendwo im begrenzten Raum des Diesseits, das auch Jenseits ist, in der Gesamtseele. Das Diesseits und das Jenseits sind also zustandsbedingt sowohl für die Einzel-

und Gesamtseele da. Dies ist ein Indiz dafür, daß die Seele nach dem Tod nicht fliegt und auch seelenverwandt ist, weil in beiden Begriffen Diesseits und Jenseits existieren. Der Logik entsprechend möchte ich alles Obenstehende anhand eines Beispiels erklären. Wir stellen einen unendlich großen Kochtopf auf, in den wir alles Geistige und Materielle bis zum letzten Ewigen, das es gibt, hineintun. Die Ewigkeit, das Leben, das Diesseits, die Materie, den Tod, das Fegefeuer, die Hölle, den Himmel, das Jenseits, die Auferstehung. Alles, nur nicht Gott. Wir brauchen auch nicht mixen oder kochen, daß eine Reaktion entsteht, es ist schon ewig erledigt, denn es gibt ja Gott.

Im Grunde genommen müssen wir Menschen auch nichts Diesbezügliches beweisen; daß es funktioniert, ist der Beweis zur obigen Frage.

13. War denn Gott über lange Zeit alleine da?

War Gott alleine, in einer Leere, noch kein Himmel, noch keine Materie, Seele, Diesseits, Jenseits, Leben, einfach nichts? Gibt es das? Hat es das gegeben?

Dann müßte entsprechend dem Naturgesetz alles, was nach den heiligen Schriften von Gott erschaffen wurde und dazugekommen ist, in der Menge, in der Allmacht Gottes in Gott vorhanden gewesen sein? Für unser Denkvermögen nicht vorstellbar. Die Antwort ist schlicht und einfach. Es war alles ewig schon da, weil es gar nicht anders möglich ist oder sein kann. Wo soll denn alles sonst gewesen sein? Man kann doch nicht alle Materie oder das ganze Jenseitige verschwinden lassen.

14. Nahtoderfahrung und die mit Lichtgeschwindigkeit fliegende Seele

Eine Seite muß stehen, daß sich die andere bewegen kann.

Nahtoderfahrung, was heißt das? Man war dem Tod nahe und kann sich danach noch erinnern. Es sind also Aussagen, die vom diesseitigen, materiellen Raum kommen. Weiter sind es Aussagen, die aus dem Augenblick entstehender Geschwindigkeit, die wie Lichtgeschwindigkeit abläuft, entstanden sind. Es sind aber alles Aussagen, die diesseitig sind, die sich auch noch frequenzartig hin und her bewegen, aber nicht darüber hinausgehen, also im Diesseits bleiben. Es sind also immer noch von lebenden Menschen gemachte Aussagen. Wir haben beim Nahtod die Trennstelle noch nicht überschritten, wir sind deshalb nicht tot und sehen, denken immer noch diesseitig. Gott greift zu diesem Zeitpunkt noch nicht ein. Es kann also alles noch diesseitig geschehen. Wir können uns noch selbst vor dem Tod bewahren, uns kann ein Arzt aus der Nahtodsituation herausführen. Alles ist noch diesseits und auch schicksalsbedingt, wir sehen, hören, fühlen, bewegen uns immer noch, wir sehen und fühlen auch solche Phänomene wie den Searchlight-Effekt, aber alles noch diesseitig physisch normal. Wir können uns auch nicht selber am Leben erhalten. Es ist noch niemand wieder von den Toten erweckt worden. Das kann nur Gott tun, er wird es aber nicht, weil er es nicht braucht. Er sagt, ich lasse den Tod zu, weil ich danach die kreislaufbedingte Auferstehung gestatte. Nach dem Tod herrscht Funkstille, kein Sehen, kein Hören, kein Fühlen, keine Bewegung. Auch nicht für die Seele. Erst recht nicht für die Seele. Wo soll sie denn hinfliegen, sie ist doch schon im Jenseits? Und aus dem Jenseits kommen für uns auch keine Aussagen, die kommen nur vom Diesseits. Eine Seite muß stehen, daß sich die andere bewegen kann. Sie sehen also, wir brauchen dazu die in der Omnipräsenz stehende Seele und das Jenseits, damit die materielle Seite fliegen kann. Würde aber die Seele auf die andere Seite fliegen, um vom Diesseits ins Jenseits zu kommen, dann müßte sich die Seele, das müssen Sie sich erst mal vor Augen führen, weniger als einen trilliardstel Millimeter bewegen, da würde sie aber, wenn sie mit Lichtgeschwindigkeit, 360.000 km/s, fliegen würde, gewaltig zuviel fliegen. Des weiteren geht es auch nicht, denn wo soll sie denn hinfliegen, warum sollte sie denn das tun, wenn sie schon da ist?!

Diesseits und Jenseits müssen wir auch als synonym in der Omnipräsenz betrachten, und weil die Seele dichtelos ist und deshalb keine Länge hat, kann sie auch die Schwelle des Diesseits zum Jenseits nicht überfliegen. Beim Fliegen muß ein Körper mit Mindestlänge eine Distanz passieren.

15. Mitten im Himmel

Mitten im Himmel – wo sind wir dann? Im jenseitigen Raum und auch im diesseitigen, in der Omnipräsenz. Was ist dort? Alles anders, alles ohne Physik, nicht unser diesseitiges Licht, keine Zeit, Leben ohne Körper, die Gesamtseele, die Allmacht Gottes, Gott selbst, kein Hören, kein Sehen, unsere Seele ist überall. Wenn wir dort etwas tun – das Tun ist nicht das diesseitige Tun –, dann tun wir es überall im Himmel. Wir sind überall, einfach überall, wir bekommen auch alles mit, auf einen Schlag, von allem und allen, weil alles unbegrenzt eins ist. Nun zurück aus dem Himmel zum diesseitigen Leben, dann haben wir auch nicht den Standort gewechselt, weil wir ja am Standort geblieben sind, aber trotzdem diesseitig wurden und uns deshalb auch nicht erinnern und ins Jenseits sehen können. Auch das bei uns alles bestimmende Licht im Himmel ist da. Jedoch frequenzlos, weil keine Masse vorhanden ist. Was für ein Licht es ist, wissen wir Menschen nicht, wir sagen einfach Licht, weil wir es besser glauben können. Aber daß es nicht wie das diesseitige Licht beschleunigt werden kann, ist axiomatisch klar, und daß es im Gegensatz zum diesseitigen Licht *immer leuchtet*, auch.

16. Nischevo, nichts macht nichts, alles hat seinen Grund und wird gebraucht

Nichts ist nichts, man kann es doch sehen. Schauen Sie in das Weltall, schauen Sie in Gedanken, subjektiv.

Schlußfolgern wir: Nichts ist nicht nichts, vergleichen wir es mit dem Naturgesetz. Ist dann dort, wo nichts ist, mehr? Ja, zum Beispiel Gott, die Allmacht, das Jenseits. Und im Diesseits, wenn wir denken, es ist nichts, es ist nichts mehr, dann müssen wir nur andersherum denken, dann wird aus dem Nichts fast alles. Über die Seele sprechen, sehen, da hat Gott das Nichts, die materielle Leere eingesetzt, daß wir es niemals können. Aber ich mache mir die größten Gedanken, weil da das Fast-Nichts nicht erfüllt ist, ein Pol, oder das Gegenteil, das wir ins Jenseits sprechen und sehen können, fehlt. Warum kommt kein Signal vom Jenseits zu uns? Ich möchte die Antwort geben. Ich glaube, daß das Signal vom Jenseits ins Diesseits und umgekehrt immer erfolgt, nur ist es für uns nicht verbal oder geistig wahrnehmbar, weil es gar nicht erfolgen muß, es kommt nämlich aus dem Jenseits, das auch Diesseits und eins ist. Es kann deshalb und braucht deshalb auch nicht über die Schwelle Jenseits zu Diesseits erfolgen, und die Signale, die wir vom Jenseits erhalten und umgekehrt geben, sind alles, was wir hören und sehen, was wir wahrnehmen, um uns herum im Diesseits und Jenseits, das ist das Herüber und Hinüber über den Tod und wieder die Auferstehung im ewigen Kreislauf. Diesseits und Jenseits sind zwei gleich große Räume in der Ewigkeit, die nicht etwa die Hälfte der Ewigkeit einnehmen, sondern in sich, wie Gase sich nach dem Gasgesetz verhalten, das sagt, jedes Gas verhält sich im Raum, als wäre es alleine da. Würde das nicht so sein und die Ewigkeit wäre halbiert, also zwei gleich große Hälften, dann würde Rivalität zwischen beiden herrschen, und das gibt es, wie das Funktionieren beweist, nicht. Das Jenseits ist also im Diesseits und umgekehrt in dem Raum der Ewigkeit. Ich wollte mit dieser Aussage andeuten, weil wir doch sozusagen in Innigkeit verbunden leben mit unserem Nachbarn Jenseits, daß wir uns zumindest berühren können. Aber selbst eine Berührung, alle materiellen Attribute scheitern an der materiellen Leere, die ein Hinübersprechen oder Hinübersehen verhindern. Hier hilft nur der ewige Kreislauf, der vom Diesseits über den Tod, die materielle Leere, Jenseits – Diesseits – Leben, ohne Bewegung ins Jenseits führt.

Nun noch eine weitere Frage: *Kann ich die Seele antreiben, die nichts ist?* Nein, in dem Moment, wenn ich das tun könnte, würde die Seele sich entsprechend der Materie verhalten, zu Materie werden und einen jenseitigen Urknall verursachen können. Als Resultat wäre das die vollkommene Zerstörung, Umwandlung des Jenseits, das sich aber nicht zerstören kann oder läßt, weil Gott oder die Seele auch das Jenseits sind. Auch ein partieller Urknall wie im Diesseits ist nicht möglich, weil das Jenseits im Jenseits alles eins ist und steht. Auch die Frage für den Urknall ist gegeben. Nur im Diesseits ist der Urknall als Bewegungsmotor erforderlich, das ist die Lösung zu unserer materiellen Existenzfrage. Nun sind wir aber wieder mit unserer Philosophie am Ende, die Seele fliegt also nicht, sie steht, weil sie überall und masselos ist. Über ein Beispiel will ich dem menschlichen

Verstand zu Hilfe kommen. Ich will die Seele in Relation setzen, zu Ihnen, zu mir, taucht sie auf, zwickt sie uns, bewegt sie sich, irgendwo im Raum als Körper und Seele = Leben, als Einzelseele in der *stehenden Gesamtseele*. Das ist die ganze Bewegung und auch keine, weil sie trotzdem in der stehenden Gesamtseele in der Ewigkeit bleibt.

17. Die Engel, der Tod und der Teufel

Die Engel, wir kennen sie als weiße, schöne, große und kleine Gestalten mit entsprechenden Flügeln. Wir kennen sie auch als Erzengel, als Schutzengel und als Engel, der zum Teufel (Luzifer) wurde. Aber können sie denn auch fliegen? Sie sind doch keine Materie. Sie müssen auch entsprechend ihren Funktionen überall im All funktionieren können. Selbst in hermetisch dichten Behältern müssen sie uns schützen, denken Sie an einen Flugzeugabsturz mit brennendem Flugzeug, in dem Hunderte von Menschen ihren Schutzengel brauchen. Da dürfen den Engeln nicht die Flügel abbrennen, wenn sie uns schützen. Die Engel also, wie die Seele in der Omnipräsenz des Jenseits und Diesseits vorhanden, sind wir selbst, als Einzelseele in der Gesamtseele und im ewigen Kreislauf und schicksalverbunden. Die Engel sind die guten Seelen, die auch bei Hilfe wieder aus der Dankbarkeit Gottes heraus anderen Seelen helfen dürfen und einfach da sind und deshalb nie zu spät kommen.

Nun der Tod, er begegnet uns schon von Kindheit an zusammen mit dem Phänomen Angst. Er ist auch omnipräsent und mit den Engeln im stetigen Kreislauf Diesseits – Jenseits – Diesseits verbunden, also gewissermaßen engelsgleich, des weiteren auch das Bindeglied zu neuem Leben im Diesseits (der Tod ist nur ein kurzer Augenblick), und deshalb brauchen wir keine Angst vor ihm zu haben. Wir brauchen ihn sogar, um wieder jünger zu werden.

Der Teufel, der Sakramentsteufel, eine Steigerung des Teuflischen, ist auch mit den Engeln über das Gegenteilige verbunden, denn wir brauchen auch ihn. Auch er selbst ist ein abtrünniger Engel, der das Gute der Engel innehatte und entsprechend dagegenhalten kann, im Diesseits und im

Jenseits das Schlechte und Negative vertretend, das im ewigen Kreislauf genauso wie das Gute zum Funktionieren gebraucht wird. Man kann nicht nur gut, sondern muß auch mal böse sein, auch das Negative und das Positive müssen sich ausgleichen, damit alles funktioniert.

Von allen Engeln, dem Tod und dem Teufel werden wir aber keine verbale Antwort bekommen können, denn sie sind im jenseitigen Kreislauf, der auch durch das Diesseits führt, existent. Darüber, was sie miteinander sprechen, ist, weil bei ihnen der freie Wille festgelegt und schicksalhaft ist, das kreislaufbedingte Gute und Böse, Negative und Positive, das nach der Gerechtigkeit ausgelegt ist. In der wieder vorstehende Attribute enthalten sind, daß es funktioniert. Es ist gar kein Sprechen, wie es im Diesseits erfolgt, man muß auch nicht sprechen, sondern das Erforderliche zu allem festgelegten Handeln, zur Sühnung, Belobigung und Funktionierung im Lebensbereich im Jenseits und Diesseits, im jenseitigen Stillstand.

Gott selbst sagt auch bzw. muß auch nichts dazu sagen, er selbst weiß, durch die Ewigkeit bestätigt, daß es nur gottgewollt funktioniert. Die Engel, der Tod, der Teufel fungieren, wie wir sehen, im Diesseits und Jenseits, anders als wir Menschen annehmen, es herrscht Einklang. Wir können deshalb auch meistens das vom Jenseits Kommende nicht verstehen und wollen verzweifeln und selbst an Gott zweifeln. Als Attribut, die drei haben alle die gleiche Einzel- und Gesamtseele wie wir Menschen und sind in uns.

18. Das All

Das All bedeutet Stillstand, weil es alles füllt, ewig. Im All bedeutet Bewegung. Alles Jenseitige im All verharrt im Stillstand. Die gesamte Materie ist im All der Bewegung ausgesetzt und bewegt sich in Relativbereichen in der Omnipräsenz des Alls und des Diesseits. Sobald die Materie, das Leben, die Schwelle Diesseits – Jenseits übertreten will, muß es erst das Materielle ablegen, um gesamtseelisch zu sein, was es aber immer schon ist. Um im Leben gesamtseelisch zu werden, muß das Leben ausgehaucht werden und der Körper die Seele verlassen. Die Seele ist immer dort, wo sie sein muß, und bleibt auch dort, ewig, sie fliegt deshalb nicht und muß auch nicht fliegen. Was ist alles im All? Alles, das Diesseits und Jenseits. Es ist nicht mit unserem Waagebalken des Diesseits zu vergleichen, bei dem zwei Seiten den Unterschied messen können, sondern eine Waage, bei der der Waagebalken fehlt, weil die beiden Gewichte des Diesseits und Jenseits genau ineinanderliegen, sich decken und nicht durch einen Hauch gestört werden können. Diesseits und Jenseits sind also gleich, und deshalb sind Ausgleich und Kreislauf garantiert. Der Motor für die Bewegung der Materie im All ist der partiell, im Plural, immer wieder stattfindende Urknall zum Urknall, über den die Hin-und-her-Bewegung in den Relativbereichen im All erfolgt. Wenn man nun Gott, das Jenseits und die Materie des Diesseits subjektiv betrachtet, ist beides gleich, ein Volumen, ewig groß, nicht endend, omnipräsent, dann muß man, wenn man Naturgesetz sagt, auch den Kreislauf erfüllen können. Also Gott in der Materie und die Materie in Gott, im All. Und genau dieser Zustand ist immer und ewig schon und hat niemals begonnen. Auch mit der schon erwähnten dicken Mauer, die den Beginn oder das Ende im All begrenzen soll, kann man unser All nicht trennen, sie hätte auch ein so gewaltiges Fundament, das als All-*Kulturerbe* dazugekommen wäre, das aber nicht sein kann, weil alles ewig schon ist. Die aber von Gott errichtete Mauer vom Diesseits ins Jenseits steht nicht partiell im All, sondern überall im All, zwischen dem Diesseits und dem Jenseits, ewig. Sie ist die vollkommene Leere, durch die die Materie nicht ins Jenseits im All kommen kann. Kann man die Konfiguration oder das Alter des Alls errechnen? Nein, weil man im Bruch der Rechnung unter dem Strich den Nenner nicht weiß, ist es nicht möglich. Wenn es doch möglich wäre oder werden sollte, dann muß der Begriff All, wie ich ihn mir vorstelle, nicht endend, omnipräsent, umgekehrt sein. Wenn ich es mit der Lichtgeschwindigkeit probieren will, kann ich nämlich nur fragen, wievielmal das Licht schon durch die Ewigkeit des Alls geflogen ist. Dann sagt meine Logik, noch kein einziges Mal ganz, weil die materielle Seite die Ewigkeit des Alls nicht ganz erreichen kann und die Zeit in der Ewigkeit nicht existiert. Im übrigen weiß das niemand, oder nur Gott. Fazit: Das All ist nur durch Gott ganz erforschbar, nicht durch uns Menschen.

19. Bewegen sich die Ewigkeit, das All, Gott, die Seele, das Schicksal, die Engel, der Tod, der Teufel, alles Jenseitige?

Nein! Wird die Ewigkeit größer? Nein! Es kann bei ihr nichts dazukommen, weil sie ewig ist.

Wer kann zur Ewigkeit etwas hinzufügen, oder kann die Ewigkeit das selbst tun? Nein! Ich kann zu etwas, das ewig da ist, nichts hinzufügen. Auch Gott selbst kann es nicht, denn wenn er das könnte, dann könnte er auch zu sich selbst etwas hinzufügen, zum Beispiel Abstand zu sich selbst schaffen und größer werden. Läge vor ihm jedoch Abstand, dann hätte selbst Gott und alles einmal begonnen. Aber dazu kommt wieder die Frage: Was war im Abstand vor Gott, was war davor? Die Antwort: Gott und alles ist ewig schon da und hat nie begonnen. Was dehnt sich aus? Die Materie, alles Jenseitige aber nicht. Zu einer Ausdehnung braucht man einen Körper oder Gas, die einen Ausdehnungskoeffizienten haben und Wärme. Der Ausdehnungspart muß erwärmbar, also Materie sein. Alles, was keine Dichte hat, ist jenseitig. Das Jenseitige steht und ist einfach da, ewig. Es kann nicht erwärmt werden, weil es keine Dichte hat. Es kann deshalb auch keinen Ausdehnungskoeffizienten aufweisen. Und es kann im Gegensatz zur Materie auch nicht umgewälzt werden, es steht an jedem Punkt seiner Omnipräsenz.

Wenn nun ein Punkt des Jenseitigen fliegen soll, zum Beispiel die Seele, dann erinnert es mich an das Märchen vom Hasen und dem Igel (bitte entschuldigen Sie den lapidaren Vergleich mit dem Märchen, es ist viel zu ernst). Ich bin ja schon da, sagt uns die Ewigkeit und Seele, alles Jenseitige, und damit ist alles gesagt.

20. Der Urknall

Der Urknall ist wichtig im Zusammenhang mit dem Axiom, das besagt, daß die Materie von der stillstehenden Gesamtseele geht. Was geschieht bei einem Urknall? Wie oben schon erklärt, schiebt sich die Materie zusammen auf einen Punkt, in der Omnipräsenz der Gesamtseele, bis sie explodiert. Dabei entfernt sich die gesamte Materie, zerfällt und fällt die gesamte Materie, auch das Leben, von der Gesamtseele. Es wird die ganze im Urknallraum vorhandene Materie in die elementarsten Teile und in die gleiche Menge der eingebrachten Energie umgewandelt, die wiederum die Ausdehnung garantiert. Der ganze Vorgang verläuft in der diesseitigen Zeit, die es im Jenseits nicht gibt, und ist deshalb auch diesseits und zeitlich berechenbar. Das diesseitige Licht, das immer Energienachschub braucht, bekommt in Form von neu entstandenen Sonnen den Nachschub für das Diesseits und leuchtet aber auch nur im Diesseits. Der Tod (nur ein kurzer Augenblick) ist schon lange Zeit vor dem Blitz des Urknalls erfolgt und hat alles Leben durch das Wiederleben aus dem gefährdeten Urknallraum über die Gesamtseele herausgebracht oder umgekehrt. Das Leben geht also im ewig nicht endenden All an anderen Stellen weiter. Alles Jenseitige ist für den Urknall nicht erreichbar. Das herüberreichende Schicksal zum Leben ist vom Tod durch die Verlegung des Lebens aus dem Urknallraum wieder fähig, am Leben teilzuhaben. Das Schicksal kann also nach wie vor positiv oder negativ zuschlagen. Alles, was im Urknallraum reaktionsfähig ist (die komprimierte Materie), wird durch die hohe Temperatur umgewandelt und verläßt die stillstehende Gesamtseele, die vorher das Leben bedeutet hat und danach wieder das Leben bedeutet. Das ist der ewige von Gott gewollte Kreislauf, den wir, vom Diesseits aus gesehen (schauen Sie in den Himmel hinauf), in zartem Blau sehen. Wenn wir ihn aber an Ort und Stelle im All erleben, fühlen, ist er immer glasklar und nichts, auch kein zartes Blau ist vorhanden, aber in ihm findet jeder Urknall statt und es ist das stillstehende omnipräsente Jenseits, die Gesamtseele, die immer bereitsteht zur Aufnahme der Materie zum Leben im All.

21. Diesseits und Jenseits, farblich transparent, mit Hilfe eines kleinen Experiments dargestellt und erklärt

Experiment:

Im Buch ist das Material für Sie schon teilweise vorbereitet. Leider ist es aus buchdrucktechnischen Gründen nicht möglich, transparentes Papier in loser Form beizulegen. Aus diesem Grund sowie zum besseren und leichteren Verstehen sollten Sie das Ganze mit Ihrem eigenen Material und Ihrer eigenen Phantasie gestalten.

Nun beginnen wir. Bitte nehmen Sie die unten jeweils genannten Blätter zur Hand und bereiten Sie sie für das Experiment vor. Sie benötigen zuerst zwei glasklare Transparentfolien. Diese sollen das Jenseits darstellen. Schreiben Sie klein, kaum sichtbar, an den Rand des einen Blattes: Jenseits, Himmel, Gott, Seele, Tod, Teufel, das Fegefeuer, die Hölle, die Engel, das Schicksal. Auf das andere Blatt schreiben Sie die aufgeführten Attribute wie: das Jenseits, die Ewigkeit, die Omnipräsenz, Stummheit, nicht hören, nichts sehen, allmächtig, gut und böse, positiv und negativ, in unserem Verstand, aber in voller Gerechtigkeit. Das Aufgeschriebene müssen Sie sich wieder wegdenken, weil die Blätter das nicht sichtbare Jenseits, omnipräsent und feststehend, ohne Masse, mit allen vorstehenden Attributen darstellen sollen.

Nun nehmen Sie bitte ein zartblau eingefärbtes Transparentblatt und schreiben Sie darauf »Seelische Mauer zwischen Diesseits und Jenseits«. Denken Sie auch hier das Geschriebene gleich wieder weg, weil wir, wenn wir auf dieses zarte Blau des Symbols schauen, mit unseren diesseitigen Augen nur das Blau des Jenseits sehen, das aber im Jenseits immer glasklar und unsichtbar ist und wirklich auch das Jenseits darstellen soll. Wir können also niemals ins Jenseits schauen oder hören. Das Jenseits, das wir also nicht sehen können, dargestellt durch die glasklaren Blätter, steht im ewigen Stillstand und ist eins, also alle Symbole des Jenseits.

Nun nehmen Sie bitte wieder zwei glasklare, transparente Blätter, die wir mit unseren diesseitigen Augen sehen, und bemalen Sie diese mit allem Diesseitigen in partiellen Räumen. Mit der Sonne, dem Licht, den Sternen, den Planeten, dem Meteoriten, den Gasen, dem Leben, den Lebewesen, den Tieren, den Bäumen, und zeigen Sie die Bewegung der Materie und des Lebens, indem Sie alle Blätter wechselseitig der Reihe nach zusammenlegen. Legen Sie nun von links nach rechts nebeneinander:

1. ein glasklares Blatt (Jenseits)
2. ein glasklares Blatt (Diesseits), bemalt
3. ein zartblaues Blatt, seelische Mauer zwischen Diesseits und Jenseits
4. ein glasklares Blatt (Diesseits), bemalt
5. ein glasklares Blatt (Jenseits)

Bitte binden Sie die Jenseits Blätter mit Fäden an ihren Kanten zusammen. Das gleiche tun Sie bitte auch mit den Blättern, die das Diesseits darstellen, und stecken Sie danach alle Blätter, die des Jenseits von rechts, die des Diesseits von links, im Wechsel nach den Nummern 1–5 ineinander. Zusammengesteckt? Danke! Nun halten Sie die zusammengesteckten Blätter an den Fäden an einem Fenster ins Licht, die rechte Seite, das Jenseits, und halten die Hand dabei möglichst ruhig. Die linken Fäden, die das Diesseits darstellen, halten Sie dagegen, bewegen Sie den diesseitigen Teil und zeigen Sie dadurch die ewige Bewegung des Diesseits im Jenseits.

Ausgeführt und erkannt?

Das im Experiment gezeigte Modell müssen Sie sich aber ewig groß und omnipräsent vorstellen. Sie wissen ja alle, was das bedeutet. Beide Seiten, Diesseits und Jenseits abdeckend, stellen das Positive und Negative im ewigen Kreislauf des Diesseits und Jenseits dar. Der Kreislauf, der durch beide, das Jenseits und das Diesseits, geht, wird aber nur möglich, wenn durch den Tod, oder umgekehrt durch die Auferstehung, die Materie, der Leib des Lebens, im Diesseits zurückbleibt. Die bei der Auferstehung im Diesseits vorhandene Einzelseele, die über die Zeit des irdischen Lebens mit diesem vereint war, muß sich dabei wieder durch das Eintauchen der Einzelseele in die Gesamtseele, durch den zurückbleibenden Körper und durch den Tod trennen.

Einzelseele und Gesamtseele sind immer mit allen Symbolen des Jenseits eins, der menschliche Körper jedoch bleibt Materie. Das Eintauchen und Auftauchen geschieht aber nicht unter Bewegung, weil die Einzel- und

Gesamtseele keine Materie ist. Bitte stellen Sie sich das so vor, als würde die Einzelseele, die sich auch nicht in der omnipräsenten Gesamtseele bewegen kann, gar nicht ein- oder auftauchen. Sie kann deshalb auch an jeder Stelle des ewigen Alls, selbst an Ewigkeits-Lichtjahre entfernten Stellen, für neues Leben bereitstehen. Sie ist einfach da. Es entfernt sich also alles Bewegte, Materielle, alles, was Masse hat, von der feststehenden Seele, die keine Masse hat. Wie sich aber die Masse mit dem Masselosen im Leben verbindet, ist und bleibt Gott überlassen. Nach meiner Logik hat vielleicht auch die Materie eine Seele oder einen entsprechenden Adapter zum Leben. Man kann nur glauben oder gespannt sein.

Wir wollen aber, um unser Experiment zu Ende zu führen, alles vom Jenseits aus betrachten. Was sehen wir dann? Wir sehen alles Diesseitige mit unseren diesseitigen Augen, spiegelbildlich, partiell und nur im Experiment. Wenn wir aber als Seele vom Jenseits aus das Diesseits betrachten, dann sehen wir kein Spiegelbild des Diesseits, weil das materiell wäre, sondern alles auf einen Schlag und nicht partiell, sondern omnipräsent. Wir werden also vom Jenseitigen vollkommen gesehen, man weiß alles, über alle, von allen.

Ich habe hin und her überlegt, wie ich den ewigen Kreislauf im All zeigen kann. Und schließlich fiel es mir wie Schuppen von den Augen. Ich mache ein Experiment mit Klarsichtfolien, mit denen ich am einfachsten all die Symbole, all die Abteile des Alls, des ewigen Kreislaufes, auf einfachste Art erklären und zeigen kann. Probieren Sie es aus und machen Sie sich ein eigenes Bild.

Weißes Blatt (glasklar)

Jenseits: Himmel, Tod, Teufel, Fegefeuer, Hölle, Engel, Schicksal

Jenseits

Jenseits , Himmel ,Gott ,Seele ,Tod ,Teufel ,das Fegefeuer , die Hölle ,die Engel ,das Schicksal .

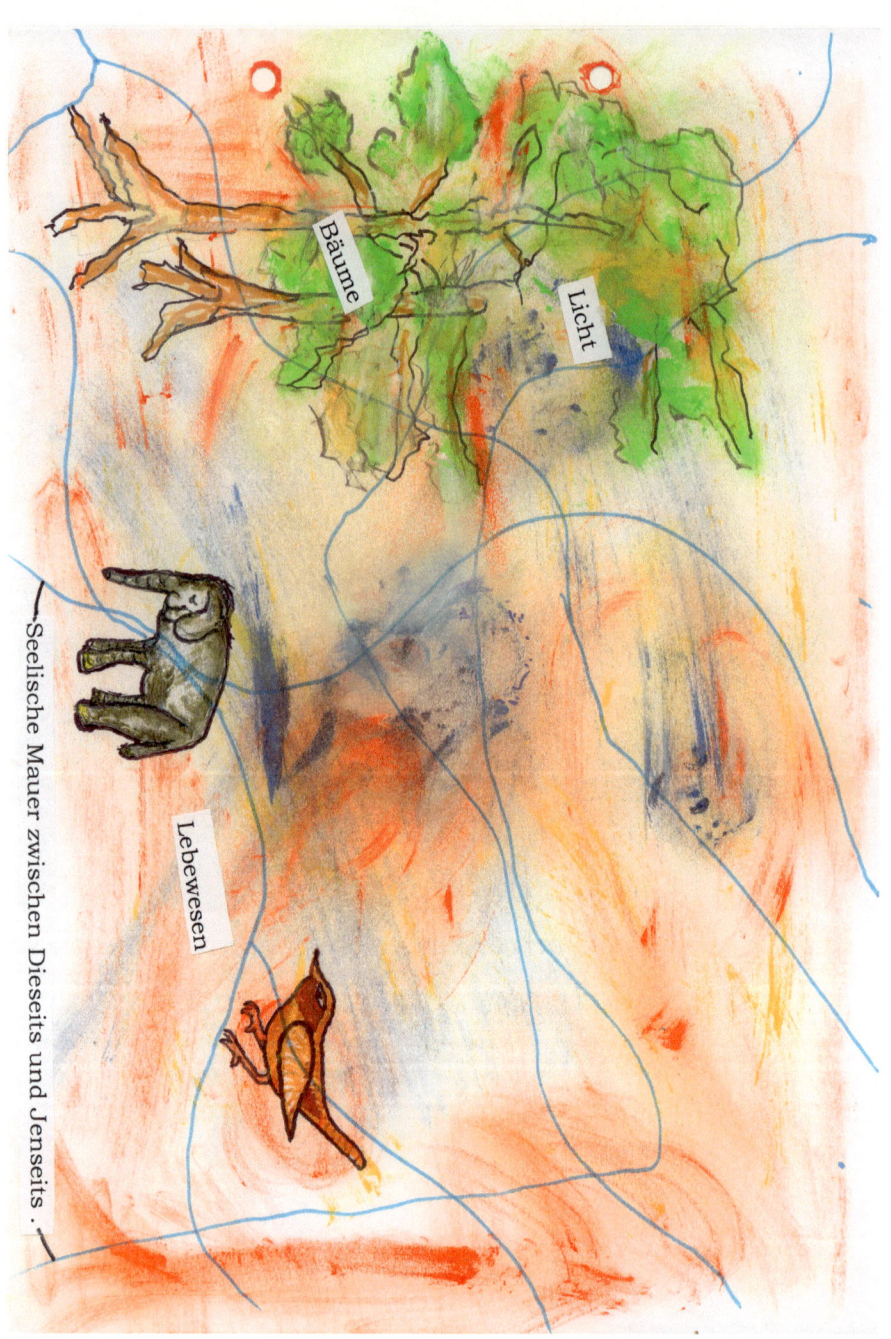

Bäume

Licht

Seelische Mauer zwischen Diesseits und Jenseits .

Lebewesen

Seelische Mauer zwischen Dieseits und Jenseits .

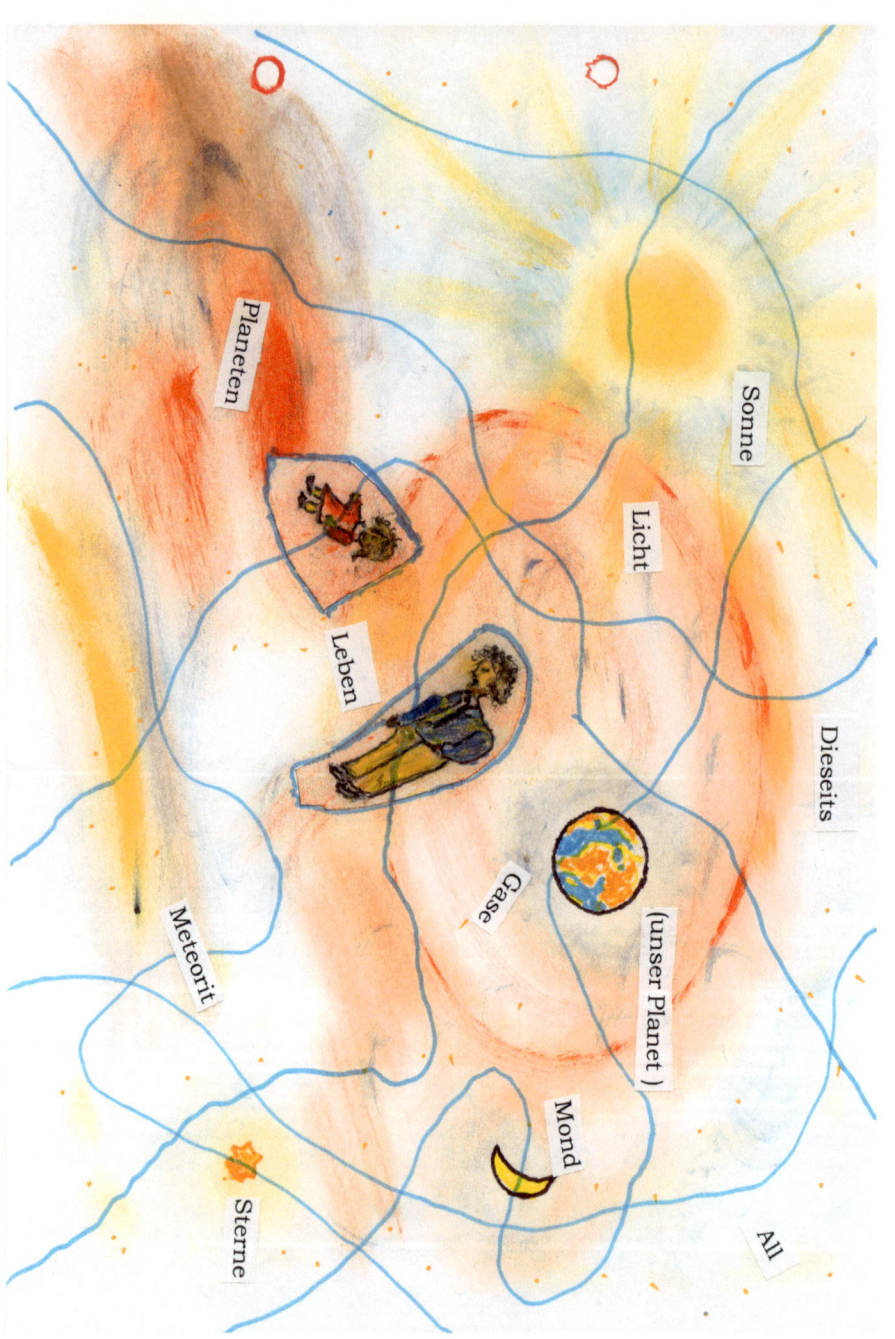

Planeten

Sonne

Licht

Leben

Dieseits

Meteorit

Gase

(unser Planet)

Mond

Sterne

All

72

Jenseits

Das Jenseits , dieEwigkeit , dieOmnipräsenz , Sturmmheit , nicht hören ,nichts sehen , allmächtig , gut und böse , positiv und negativ ,ir unserem Verstand , aber in voller Gerechtigkeit .

22. Die Seele – fliegt sie nun oder nicht?

Milliarden und Abermilliarden von Menschen behaupten felsenfest, die Seele fliegt. Alles Jenseitige fliegt oder bewegt sich zumindest, sagen sie. Die Seele, die Engel, das Schicksal sollen fliegend zu uns kommen oder von uns fliegen, sogar an einem Seelenbalken sollen sie sich abstoßen, um fliegen zu können. Der Tod kommt ganz gemütlich und langsam, der Teufel herrscht und rast in seiner Hölle herum. Alles Jenseitige, nur nicht Gott im Jenseits und Diesseits, er steht in der Omnipräsenz und der Ewigkeit. Aber obwohl alle aufgeführten jenseitigen Symbole, wie auch Gott, das Jenseits darstellen und nach Meinung vieler Menschen fliegen sollen, macht Gott da eine Ausnahme, er fliegt nicht. Gott, die Seele, die Engel, das Schicksal, der Tod, der Teufel – alles Jenseitige hat aber keine Masse und kann deshalb nicht fliegen und ist das Feststehende, das Jenseits, gegenüber dem sich das Diesseits, um fliegen zu können, gegenteilig verhält. Nur das Diesseits, die Materie und Masse, kann in dem auch im Diesseits vorhandenen Jenseits ohne Masse fliegen, im puren Jenseits jedoch nicht. Die Physik macht aber sehr große Anstrengungen zu beweisen, wie die Materie in der Leere (im Vakuum) fliegen kann. Sie kann aber nicht das Gegenteil tun, sie kann nicht die Leere, die Masselosigkeit in der Materie fliegen lassen. Ein anderes, ebenfalls diesseitiges Beispiel dazu. Man kann die Kälte niemals dazu bringen, daß sie zur Wärme geht. Die Wärme wird immer im Kreislauf von der Sonne, dem wärmeren Teil, zur Erde, dem kälteren Teil, gehen und sich auch ewig so im Diesseits bei aller Materie verhalten.

Fazit: Die Seele fliegt nicht.

23. Gott ist mehr als Diesseits und Jenseits

Was ist Gott? Gott ist der Gegenpol zum Jenseits und Diesseits. Für Gott müssen beide Attribute gelten, weil er mehr zu seiner Definition braucht als alles andere oder jedes einzelne. Das Jenseits und das Diesseits zusammen müssen gleich groß und gleich stark sein. Das eine voll Masse, das andere voll der Leere. Das Vakuum des Jenseits muß die gleiche Summe der gesamten Masse des Diesseits haben, damit der ewige Kreislauf funktioniert. Das Vakuum des Jenseits hält die Masse des Diesseits in der Waage. Daß Gott gleich dem Diesseits und dem Jenseits ist, ist das, was Gott ausmacht oder bedeutet oder ist. Und deshalb ist Gott die Allmacht und alles, ist ewig und hat keinen Gott als Gegenpart oder Alternative und keine weitere Definition. Als kleines Bübchen habe ich mich immer gewundert, warum mein Schaukelpferd stehen bleibt, wo es doch runde Füße hat. Später im Krämerladen hat mich dann die Waage interessiert, wenn man die anschubste, dann pendelte die immer sehr lange auf und nieder. Unsere Wanduhr, das Pendel, was macht denn das, warum tickt es denn in der Uhr? In der Schule dann: 2+1=3 / 3-1=2. Warum stehen da denn immer die gleichen Zahlen? Dann die Gewerbeschule, da gab es die Zentrierachse, die Zahnräder und vieles mehr. Alles wurde immer mehr und komplexer, die Dynamik, die Statik, überall, ob in der Technik oder der Kunst. Dann kamen parallel zu dem Ganzen alle möglichen Gedanken, philosophische, theologische, logische, Erfahrungsgedanken oder Auseinandersetzungen damit, aber alles glich sich phantastischerweise. Warum denn?

Weil Gott genau der Gegenpol in der Kreislaufwaage ist, damit es funktioniert.

Und das ist das Perpetuum mobile, das wir Menschen und alle vor und nach uns fertigbringen wollen, aber niemals fertigbringen können. Das Jenseits ist dabei die Statik, das feststehende Lager; das Diesseits die Dynamik, das Bewegte, die Welle. Und Gott ist die Allmacht, in die alles hineinpaßt, was für den ewigen Kreislauf erforderlich ist. Und in die Allmacht Gottes ist auch eingebaut, daß nichts geht ohne das andere, und deshalb gibt es den »allmächtigen Gott« in einem. (Bild 23a)

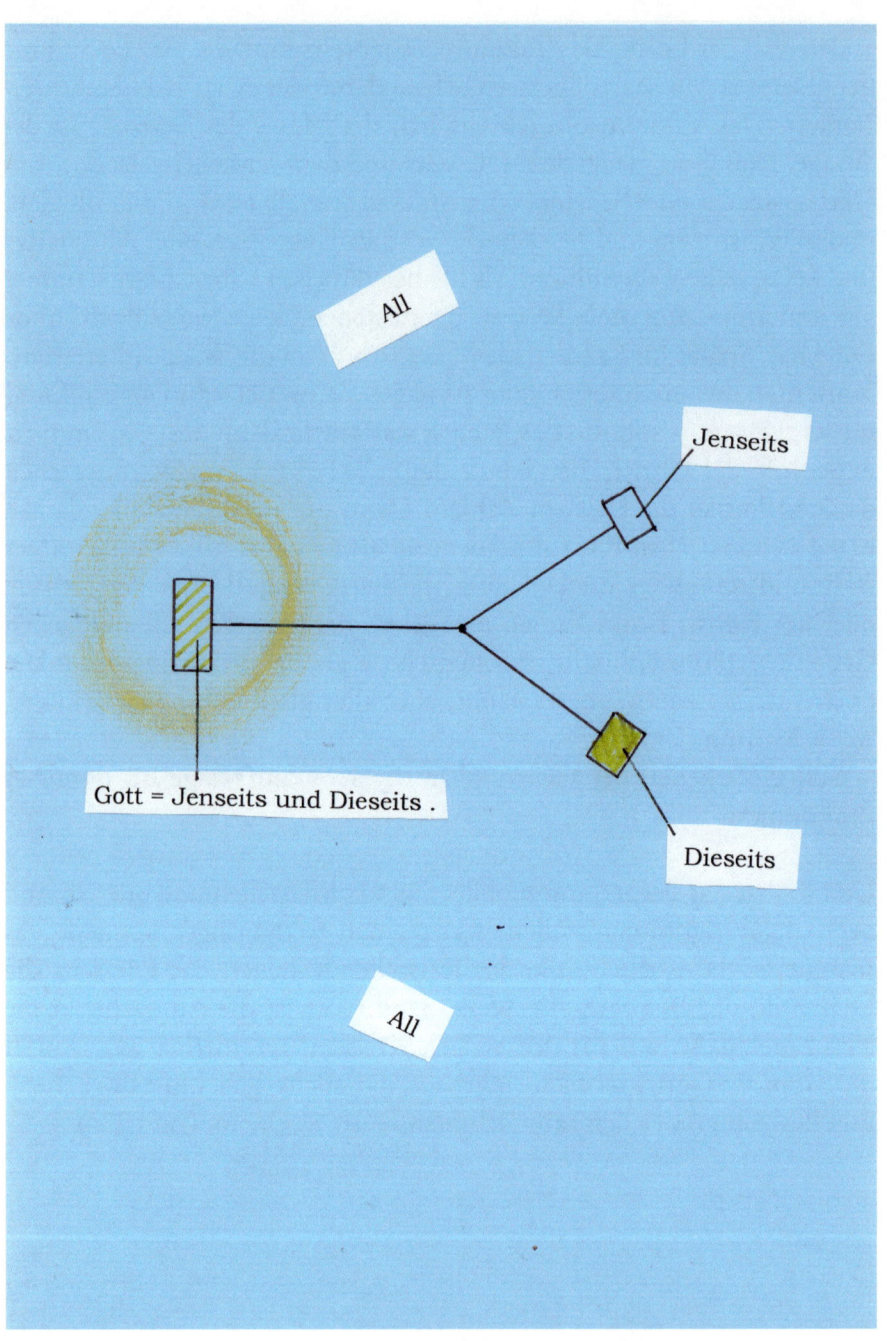

24. Gedankenexperiment zum ewigen Kreislauf

Zum Schluß möchte ich mit Hilfe eines Gedankenexperiments nochmals den gesamten ewigen Kreislauf entsprechend meiner Logik erklären.

Wir brauchen dazu unsere Vorstellungskraft und unsere Hände, mehr nicht.

Die Hände habe ich gewählt, weil sie die Dynamik des Lebens und die für das Experiment erforderlichen Bewegungen im Experiment gut zeigen können.

Die Hände bzw. das Leben stehen nun auf unserer Erde, die in der Omnipräsenz der Ewigkeit irgendwo im All, im Diesseits und im Jenseits ist und sich darin dynamisch verhält. Alles Jenseitige aber füllt den gesamten ewigen Raum und kann deshalb nur im Stillstand verharren. Das Diesseitige jedoch ist immer der Bewegung unterworfen, hat Masse, kann erwärmt werden, kann sich ausdehnen und zusammenziehen, kann den Aggregatzustand durch Wärme, Kälte und Druck ändern. Und es ist kleiner als das Jenseitige. Wir können also unsere Hände bewegen. Wir können sie in der Ewigkeit, in der feststehenden Leere ausbreiten, wir können sie zusammenschieben, wir können sie parallel nach rechts oder nach links oder in alle Richtungen bewegen, denn wir sind ja im Leben Körper und Seele, also Masse und Seele.

Bitte breiten Sie Ihre Hände aus und bewegen Sie sie in der feststehenden Seele! Nun lassen wir aber durch den Tod die Hände des Lebens fallen, wir entfernen uns von der feststehenden Seele.

Wo wir unsere Hände fallen lassen, wo uns der Tod ereilt, ist dabei buchstäblich egal, weil wir nicht wissen, wo wir in der Omnipräsenz durch den Urknall hingeschleudert werden oder in der Gesamtseele sind. Es gibt keine Platzzusage, nur eine relative in der Omnipräsenz und daß wir in der feststehenden Gesamtseele als Körper und Seele = Leben und immer fliegen. Aber sie fliegt nicht, die Seele, nur der lebendige Körper, alle Materie fliegt in der omnipräsenten Gesamtseele. Wie kann das sein? Alle Materie ist der Dynamik unterworfen, ist porös, die Gesamtseele dagegen stillstehend und ohne Masse, dies ist alles schon oben erklärt. Aber ich gebe trotzdem ein kleines Experiment zur Erklärung dazu.

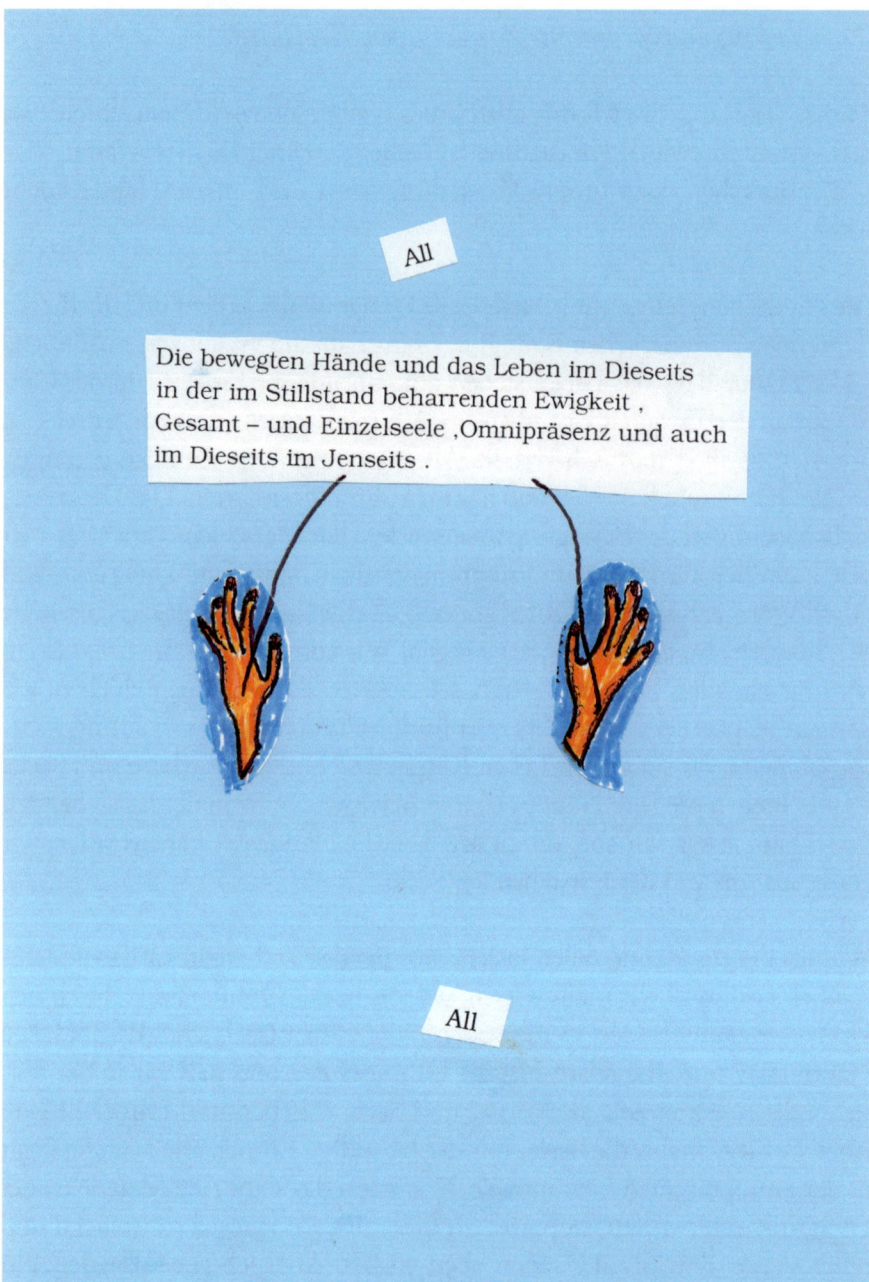

All

Die bewegten Hände und das Leben im Dieseits
in der im Stillstand beharrenden Ewigkeit ,
Gesamt – und Einzelseele ,Omnipräsenz und auch
im Dieseits im Jenseits .

All

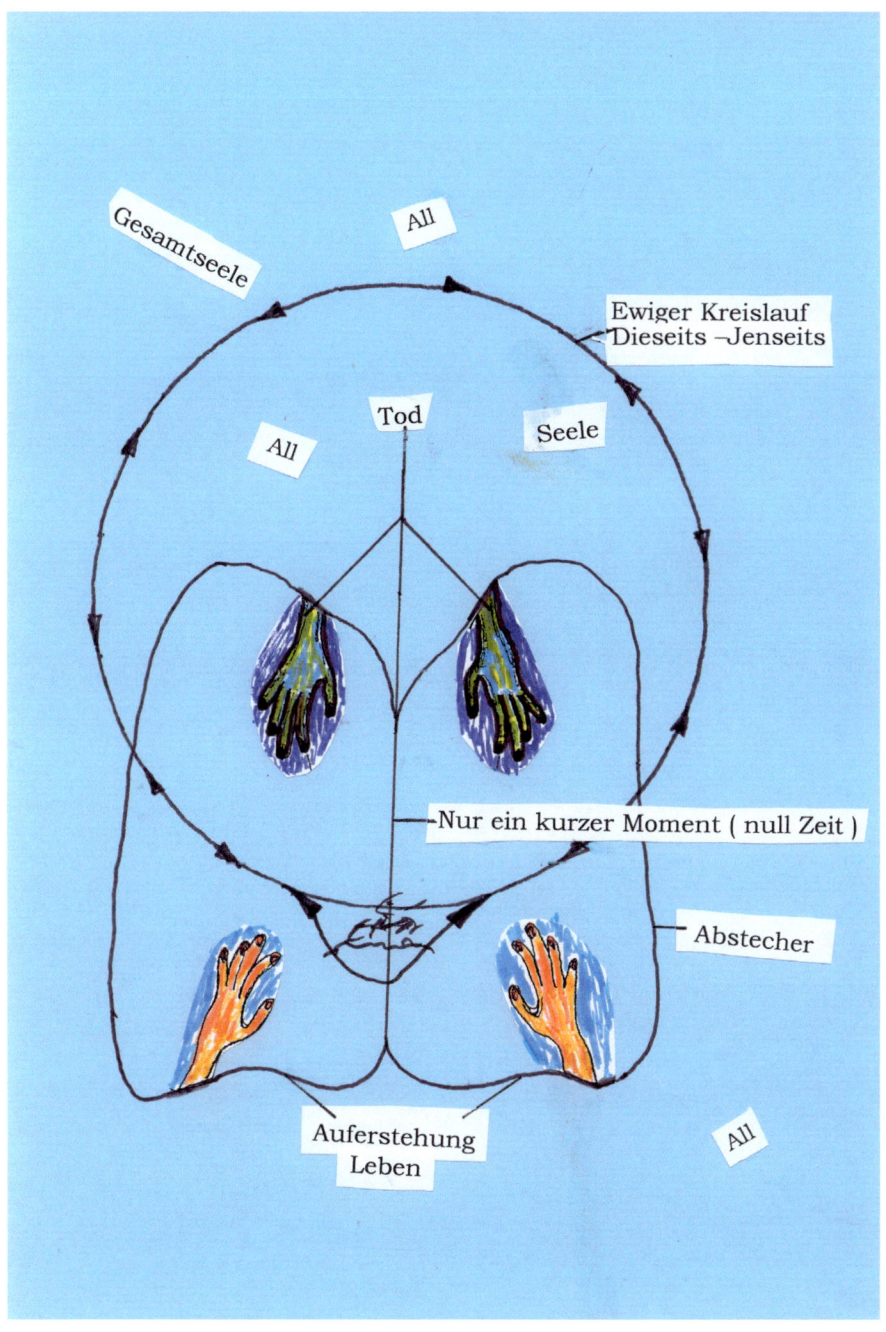

Gesamtseele

All

Ewiger Kreislauf
Dieseits –Jenseits

Tod

Seele

All

Nur ein kurzer Moment (null Zeit)

Abstecher

Auferstehung
Leben

All

Experiment:

All

Sieb = Materie ,Leben .

All

All

Blau = stillstehende Gesamtseele , omnipräsent ,
nicht sichtbar , ohne Masse im All .

Ein bewegtes Sieb stellt die poröse Materie des Lebens dar und durchdringt im Experiment den Gegenpart, die nicht sichtbare, in der Omnipräsenz stehende Gesamtseele ohne Masse. Nun, dazu ist nichts zu sagen, wir wissen ja, daß nur die Materie, das Leben, fliegt. Drehen wir nun den Spieß um und sagen, die sich im Stillstand und in der Omnipräsenz befindende Gesamtseele soll in der Materie fliegen, dann müssen wir fragen: Wo soll sie denn hinfliegen, wenn sie schon da ist, sie kann sich ja nicht bewegen, wenn sie alles ausfüllt und dazu noch masselos ist? Aber wie funktioniert das? Die in der Gesamtseele fliegende Materie, das Leben, wird dabei von der feststehenden Gesamtseele ohne Masse durchdrungen, als wäre sie gar nicht existent. Dieser Vorgang wiederum funktioniert nur, weil die bewegte Materie nur die Leere, also die masselose Seele als Gegenpart hat. Es kann sich also nur die Materie an der Materie abstoßen, niemals die masselose feststehende Seele. Würde sich die Materie an der Gesamtseele abstoßen können, würde die Gesamtseele zur Materie werden, und das große Perpetuum mobile wäre gestört, und die materielle Verbindung zum Jenseits wäre vorhanden. Auch könnte das masselose Jenseits angeschoben werden – eine verheerende Sache. Alles würde zur Materie und deren Attributen werden, komplett unmöglich!

Der Tod ist nur ein kurzer Moment im ewigen Kreislauf, weil das Naturgesetz nicht warten kann. Es kommt nichts dazu, es geht nichts verloren. Wir ziehen also im ewigen Kreislauf einen größeren ausschweifenden Kreis, wir machen sozusagen einen Abstecher über den Tod zu neuem Leben. Die Sequenz Tod – Leben, angezeigt durch die Verbindung Materie, Sauerstoff und Seele, erfolgt überall, wo das Jenseits und das Diesseits die Voraussetzungen bieten, wo ein Paradies ist. Der erste Schrei des neuen Lebens durch den eingezogenen Sauerstoff und die bereitstehende Seele ist das neue Leben im ewigen Kreislauf. Wir heben die Hände wieder, weil wir leben. Der ewige Kreislauf selbst, in dem das Diesseits durch das auch im Diesseits feststehende Jenseits geht, ist aber für unsere diesseitigen Augen durch die seelische Mauer zwischen Diesseits und Jenseits am Scheidepunkt Leben – Tod versperrt. Was heißt das? Wir können nicht hinübersehen, -hören oder -sprechen. Daß unsere Seele hinüberfliegen soll, braucht sie und kann sie nicht, sie ist ja im Diesseits und Jenseits feststehend. Nun ist uns von Gott der freie Wille gegeben. Wir können schreien oder still sein. Dazu ein Beispiel: Kann sich die Seele, die in der Omnipräsenz verharrt und eins ist, in der Omnipräsenz der Ewigkeit bewegen? Nein! Die Folgerung dazu: Dann kann die Seele auch nicht fliegen. Denn wenn die Seele fliegen würde, würde sie von der Omnipräsenz in die Omnipräsenz, wo sie ist, fliegen und zur Materie werden, weil nur Materie in der Omnipräsenz fliegen kann. Oder auch anders formuliert: Vom Diesseits, das auch in der Omnipräsenz der Seele ist, in das Jenseits, wo auch die Omnipräsenz der Seele ist. Und bei der Auferstehung oder Wiedergeburt könnte sie auch wieder aus der Omnipräsenz des Jenseits in die Omnipräsenz des Diesseits fliegen, wo sie auch schon ist, oder umgekehrt. Sie sehen also, daß dies nicht möglich ist.

Es kann bei uns und durch uns zugehen wie im Krieg, wie das Sprichwort heißt. Wir können faul oder fleißig sein, aufbauen oder abreißen, Liebe demonstrieren, Liebe geben. Den Teufel loslassen, auch ein Sprichwort. Alles können wir alleine oder als Kommune tun und lassen, bis auf einmal im ewigen Kreislauf das Schicksal zuschlägt. Warum ist das so? Das Schicksal ist dafür da, daß unser von Gott gegebener freier Wille nur im Diesseits ausgeführt werden kann und nur als ausgeführt vom Jenseits beim Tod angenommen wird. Es kann auch hier nichts Materielles ins Jenseits kommen. Wo wir nun bestraft oder gelobt werden, im Jenseits oder im Diesseits, ist vom Faktor Tat abhängig, ob eine Einzeltat oder eine in der Kommune entstandene Tat gesühnt oder gelobt werden soll. In der Kommune begangene negative oder positive Taten werden höchstwahrscheinlich im Jenseits gesühnt oder gelobt, weil dort der hauptsächliche Platz der kommunen Gesamtseele ist, aber auch im Diesseits. Belobigung oder Sühnung von Einzeltaten oder auch kleinere kommune Taten können sowohl im diesseitigen Leben, Körper und Einzelseele, oder in der Einzelseele in der Gesamtseele gesühnt oder gelobt werden. Ich glaube, daß schwere Verbrechen oder Heldentaten, alles Gute und Böse, Negative oder Positive, Größere im Jenseits ihre Sühnung erfahren, weil dort das Seelische das Stärkere, das Allesumfassende ist und über die Allmacht Gottes gesühnt und gelobt wird und nicht durch das im Diesseits fungierende

Schicksal, das eng mit dem Schicksal spielt. Ich glaube, daß ich nun mit meinem Experiment und mit meiner logischen Argumentation den ewigen Kreislauf von A–Z dargelegt habe und dadurch ein bißchen davon erklären konnte.

Wir alle wissen, alle Naturwissenschaftler, alle Philosophen, Theologen, alle Menschen, alle Lebewesen, daß sich das große Perpetuum mobile nur durch den vollkommenen immerwährenden Ausgleich des Positiven und Negativen, des Guten und Bösen, der statischen und dynamischen Seite, den vollkommenen Ausgleich des Diesseits und Jenseits zu Gott, ohne die geringste Störung in der Ewigkeit drehen kann, und auch nur deshalb, weil die dynamisch bewegte Welle des großen Perpetuum mobile im masselosen Lager des Jenseits liegt, wo sie sich völlig widerstands- und reibungslos bewegen kann. Dazu gehört aber vor allen Dingen das Stehende, Gott, das Jenseits, damit sich ihm gegenüber alles bewegen kann und ewig ist und bleibt und dreht.

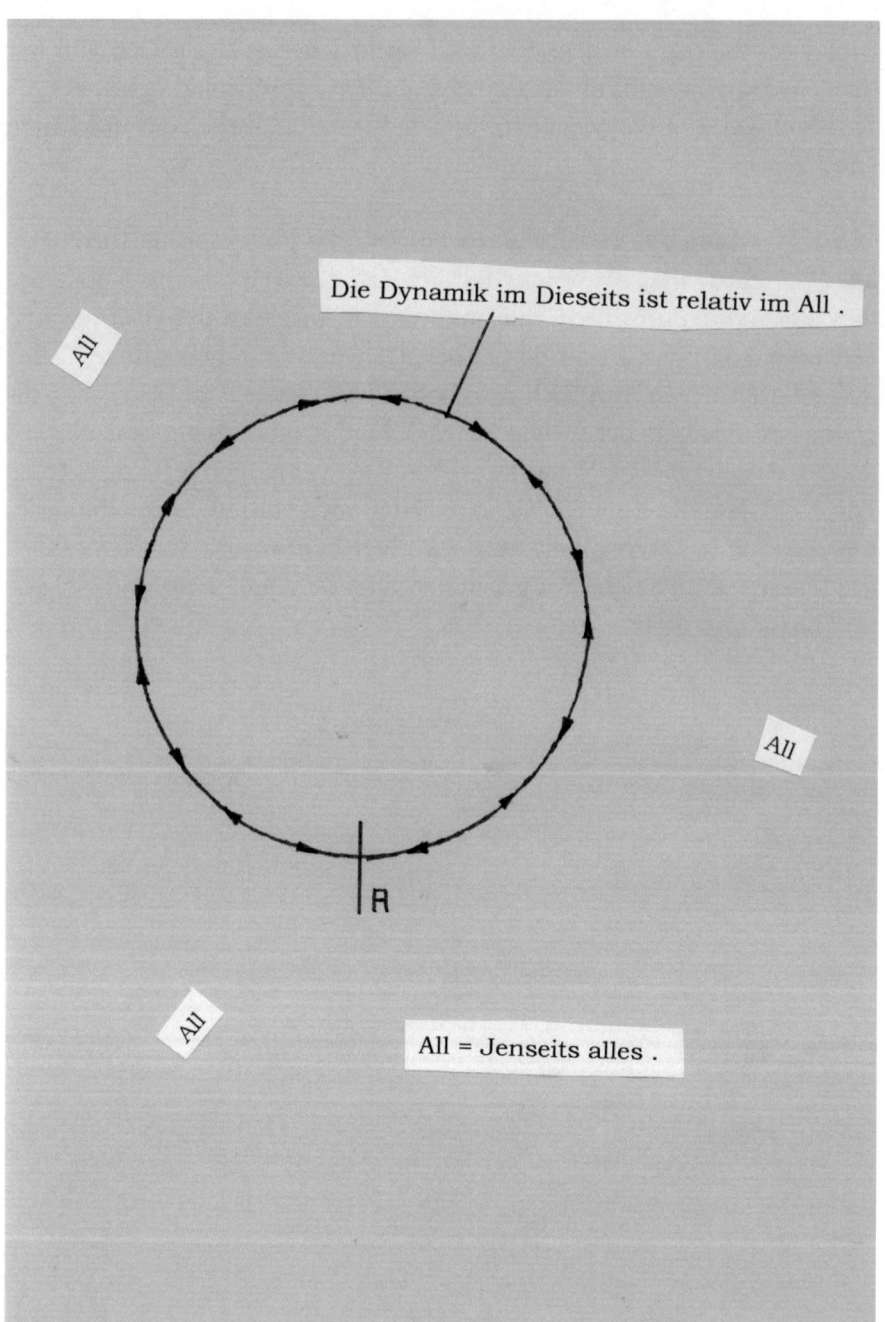